现代汉语言文学教程

常 琳 向士旭 王丹丹 ◎ 主编

哈尔滨出版社
HARBIN PUBLISHING HOUSE

图书在版编目（CIP）数据

现代汉语言文学教程/常琳，向士旭，王丹丹主编
.—哈尔滨：哈尔滨出版社，2024.5
ISBN 978-7-5484-7937-6

Ⅰ.①现… Ⅱ.①常… ②向… ③王… Ⅲ.①汉语－语言学－教学研究 Ⅳ.①H19

中国国家版本馆CIP数据核字(2024)第110892号

书　　名：现代汉语言文学教程
XIANDAI HANYUYAN WENXUE JIAOCHENG

作　　者：常　琳　向士旭　王丹丹　主编
责任编辑：孙　迪

出版发行：哈尔滨出版社（Harbin Publishing House）
社　　址：哈尔滨市香坊区泰山路82-9号　邮编：150090
经　　销：全国新华书店
印　　刷：北京四海锦诚印刷技术有限公司
网　　址：www.hrbcbs.com
E－mail：hrbcbs@yeah.net
编辑版权热线：（0451）87900271　87900272
销售热线：（0451）87900202　87900203

开　本：710mm×1000mm　1/16　印张：12.75　字数：220千字
版　次：2025年3月第1版
印　次：2025年3月第1次印刷
书　号：ISBN 978-7-5484-7937-6
定　价：68.00元

凡购本社图书发现印装错误，请与本社印制部联系调换。
服务热线：（0451）87900279

前　言

在浩瀚的文学海洋中，汉语言文学无疑是一颗璀璨的明珠，它承载着中华民族五千年的文化传统，汇聚着古人的智慧与情感，成为我们今天仍需珍视与传承的重要遗产。本教材旨在引领读者走进这片瑰丽的园地，感受汉语言文学的魅力，领悟其深邃的内涵。

现代汉语言文学，作为中国文学的重要组成部分，既继承了古代文学的优良传统，又融入了现代社会的多重元素，它以现代汉语为载体，以现实生活为创作源泉，展现出丰富多彩的艺术风貌。通过学习现代汉语言文学，我们可以更深入地理解中华文化的精髓，培养审美意识，提高语言运用能力，同时也能更好地认识和把握社会现实。

本教材以系统的理论框架为基础，全面而深入地介绍了现代汉语言文学的基本理论。通过阅读本教材，读者可以领略到汉语言文学的博大精深，了解不同时期、不同体裁的文学作品及其背后的文化内涵。

在编写过程中，作者力求保持内容的客观性、准确性和完整性。同时，为了增强教材的可读性，采用了丰富且生动的语言，让读者在轻松愉快的氛围中学习。此外，本教材还精心设计了课后思考与练习环节，以帮助读者巩固所学知识，激发其进一步探索的兴趣。

当然，汉语言文学博大精深，任何一本教材都无法穷尽其所有精髓。本教材只是提供一个学习和研究的起点，希望读者能够在此基础上深入挖掘，不断丰富自己的知识储备。在学习过程中，我们也要保持批判性思维，既尊重传统，又不拘泥于传统；既要汲取外来文化的有益营养，又要警惕其负面影响。当然，由于作者水平有限，本书难免存在不足之处，真诚地欢迎广大读者提出宝贵的意见和建议，以便作者在今后的工作中不断改进和完善。

目　录

第一章　核心素养与教育管理概述 ………………………… 1

第一节　汉语言文学教育的现状分析 ………………………… 1
第二节　汉语言文学与语文教育的对接 ……………………… 11
第三节　汉语言文学的教学特征及应用性 …………………… 15

第二章　汉语言文学教学的知识表达 ………………………… 19

第一节　汉语言文学教学——字、词、句 …………………… 19
第二节　汉语言文学教学——诗词与对联 …………………… 33
第三节　汉语言文学教学——表达的方式 …………………… 52

第三章　汉语言文学教学的课程建设 ………………………… 69

第一节　汉语言文学教学中的核心课程标准 ………………… 69
第二节　汉语言文学教学中的专业课程设置 ………………… 89
第三节　汉语言文学教学中的专业课程改革 ………………… 100

第四章　汉语言文学教学的模式方法 ………………………… 104

第一节　汉语言文学教学的模式构建 ………………………… 104
第二节　汉语言文学教学的具体方法 ………………………… 114
第三节　汉语言文学的现代教学优化 ………………………… 118

第五章　汉语言文学教学与人才培养 ………………………… 133

第一节　汉语言文学专业人才培养的思路解读 ……………… 133

第二节　汉语言文学专业人才培养的素质教育 …………… 136
第三节　汉语言文学专业中应用型人才的培养 …………… 138
第四节　汉语言文学教学中人才培养实践探究 …………… 144

第六章　汉语言文学教学的具体应用 …………………… 150

第一节　汉语言文学教学中的信息技术应用 ……………… 150
第二节　汉语言文学教学中的微课应用探究 ……………… 154
第三节　汉语言文学教学中的慕课模式应用 ……………… 163
第四节　汉语言文学教学中的传统文化应用 ……………… 184

参考文献 ……………………………………………………… 196

第一章 核心素养与教育管理概述

第一节 汉语言文学教育的现状分析

汉语言文学教育的现状既包括传统的常用措施,如语法教学、文学赏析等,又在创新方面不断发展,引入了多样化的教学手段和技术。与此同时,汉语言文学教育不仅仅是语言技能的传授,更致力于培养学生的人文素质。这种整合的教学理念旨在通过创新性的方法,使学生在语言和文学学科的学习中,不仅能够熟练掌握相关知识,还能培养出更广泛的人文修养。

一、注重汉语言文学中人文素质教育

在语言文学教育中,汉语言文学是一门非常重要的学科,它对培养学习者素质和形成正确的价值观念起到了不可或缺的作用。因此,注重汉语言文学教育,对促进我国社会进步和发展具有重要意义。基于此,应积极探究汉语言文学中人文素质教育的重要性,并提出有效融合人文素质教育和汉语言文学对策,以培养出更多集专业技能和高素养于一身的优秀人才。

汉语言文学教育有助于加强学习者的内涵和素质,有助于树立正确的价值观,提高综合素质。但结合实际情况来看,在通过汉语言文学教学培养学习者人文素养的过程中还存在一些不足,如何妥善解决这些问题,是我国广大教育者需要探讨和研究的课题。

(一)汉语言文学教育实施人文素质教育的必要性

1. 有助于提高人文素养

汉语言文学教育实施人文素质教育的必要性不仅体现在提高学习者系统学习

汉语言知识的能力上，更关键的是有助于培养学习者的人文素养。当前，随着各大学校招生规模的不断扩大，学生面临的就业压力也越发沉重。用人企业对于求职者的要求不仅仅停留在对理论知识技能的需求，更强调综合能力的培养，特别是对操作和解决问题的能力。在这一背景下，学习者如果想要在竞争激烈的人才市场中脱颖而出，就必须具备较强的人文素养。

（1）通过开设汉语言文学课程，学习者可以提高系统学习汉语言知识的能力，这种系统学习不仅包括语言结构、语法规则等基础知识，还涉及文学作品的解读、历史文化的理解等方面，这为学习者提供了一个全面深入的学科学习平台，使其对汉语言文学有更为深刻的认识和掌握。同时，通过学习文学作品，学生还能够培养自己的审美情感，提升语言表达的艺术性，这对于提高整体综合素养起到了积极的促进作用。

（2）汉语言文学教育有助于培养学习者的人文素养。人文素养不仅包括对语言的熟练运用，更涉及对文学、历史、文化等方面的综合理解。在学习汉语言文学的过程中，学生不仅学到了语言技能，还深入了解了中国文学的发展历程、历史的变迁，以及文学作品背后所蕴含的人文精神。这种全面的人文素养培养有助于学习者更好地理解社会、对世界有更深入的认知，为未来的职业发展提供了坚实的基础。

（3）面对现代社会中不断增长的就业竞争，具备一定的理论知识和技能只是基本要求，而更为重要的是综合素质的提升。在这方面，人文素养的培养成为学习者在职场中脱颖而出的关键因素之一，而汉语言文学教育作为一门涉及语言、文学、历史、文化等多方面知识的学科，为学习者提供了一个全面提升人文素养的平台。

综上所述，在汉语言文学教学过程中，教学者应当有目的、有意识地培养学生的分析能力和解决问题能力，同时锻炼他们的写作能力。通过阅读经典文学作品，学生能够培养批判性思维，提高问题解决的能力。同时，通过写作训练，学生不仅能够表达自己的观点，还能够锻炼逻辑思维和语言表达能力，使其在人文素养方面更全面。

2. 有助于培养人文情怀

汉语言文学教育实施人文素质教育的必要性不仅在于提高学习者的人文素

养，更重要的是有助于培养人文情怀。高尚的人文情怀和一定的审美能力，被认为是一个人优质生活的重要体现。在当今社会，随着生活水平的提高和社会发展的不断进步，人们对于精神追求和内在情感的关注也日益增强。

（1）高尚的人文情怀对于提高人们对生活和工作的热情起着关键作用。通过汉语言文学教育，学习者能够接触到丰富而深刻的文学作品，这些作品中蕴含的情感、人生哲理，以及对社会、人性的思考，都能够激发学习者对生活的热情。人文情怀使得人们更加关注人际关系、社会环境，对于工作和生活有更深刻的体验和领悟，从而更有动力去追求更加充实和有意义的生活。

（2）高尚的人文情怀有助于激励人们以积极向上的心态来工作和生活。在现代社会中，工作压力、生活快节奏让人们常常感到疲惫和焦虑。通过汉语言文学教育，学习者有机会通过文学作品感受到作者对于生活的热爱和积极向上的态度，这种情感的传递能够激发学习者内心的正能量，使其在面对困难和挑战时更具坚忍和乐观的心态，从而更好地适应社会变化。

（3）高尚的人文情怀可以通过阅读优秀的文学作品来培养。汉语言文学教育提供了一个深入文学世界的通道，学习者通过阅读经典作品，能够沉浸在不同的人生故事和文化背景中，这样的体验不仅拓展了学习者的视野，更在情感上为他们注入了更多的温暖和智慧。通过文学的力量，学习者能够感受到人类共通的情感，培养出对于美、真善美的敏感，进而形成高尚的人文情怀。

在现代社会，人们不仅追求物质的富足，更加注重精神生活的丰富和内在情感的满足。汉语言文学教育的人文素质教育正是迎合了这一社会需求，通过培养学习者的人文情怀，使他们在工作和生活中更具深度和品味。高尚的人文情怀不仅是优质生活的象征，更是推动社会进步和个人成长的重要力量。因此，实施人文素质教育在汉语言文学教育中显得尤为迫切和必要。

(二) 汉语言文学教育与人文素质教育结合的对策

强化学生人文素质教育，有利于学生全面健康发展，有效解决当前部分学生存在的心理问题，为学生重拾学习信心。确立奋斗目标奠定了坚实基础。在汉语文学教育过程中，汉语言文学是一门重要的学科，可以帮助学生更好地继承传统文化，在了解和学习我国传统文化下，丰富自身知识体系，树立正确的价值取向。汉语言文学教育与人文素质教育结合的对策具体如下。

1. 营造良好的人文环境

汉语言文学教育与人文素质教育的结合是提升学生综合素养的关键一环，而营造良好的人文环境则是实现这一目标的有效对策。在这个过程中，汉语言文学教育不仅需要在课堂内进行，更需要在课堂外积极开展各类活动，以激发学生的学习热情和提升他们的人文素质。

（1）教师应大力支持和鼓励学习者自发成立汉语文学组织、诗歌社团等，使其在参与活动中能够更深度地探讨和运用汉语言文学知识。通过组织这样的学生团体，学生们能够在更自主、更宽松的环境中学习，互相交流、共同进步，这样的社团活动不仅能够增加学生对于文学的兴趣，还有助于提高他们的团队协作和组织管理能力，为他们未来的职业生涯打下坚实基础。

（2）教师可以组织一些文学创作比赛和朗诵诗歌的活动，让学生在参与过程中亲身感受到汉语言文学的独特魅力，这样的比赛和活动能够激发学生的创作激情，同时也促使他们更深入地理解和感受文学作品。通过朗诵诗歌，学生能够提升语言表达的能力，增强自信心，培养美感和审美能力。这样的实践活动不仅使学生在文学创作中得到锻炼，更培养了他们对于汉语言文学的热爱和深刻理解。

（3）教师应注重培养学生的汉语言文学素质，强化他们的综合水平，更好地引导学生实现自我价值。这包括引导学生在文学作品中思考人生、思考社会，培养批判性思维和独立思考的能力。通过引导学生参与文学评论、讨论等活动，教师可以帮助学生深入挖掘文学作品的内涵，提高他们的文学鉴赏水平，使其具备更加丰富和深刻的人文素养。

2. 注重教师的教学培训

教师的教学能力关系到学生的学习热情，对汉语言文学教育而言，要提高学生的学习热情，就需要选择一批具有高素质、高水平的教师来校任教。教师自身必须要具有较强的文学素养，对汉语言文学有深层次的了解，才能很好地掌握语言文字，并在课堂上吸引学生的注意力。想要做到这些，教师就必须经常学习，不断丰富自身的知识体系，定期或不定期参加教学培训。同时，学校还要经常聘请一些汉语言文学专家到学校进行演讲，提高教师的教学水平。

3. 选择优秀的教师任教

课程教学质量的高低与教师教学水平高低有着很大关系。不同教师讲授同一篇文章，其效果是不同的。选择优秀的、专业素养强的教师可以提高学生的学习热情，强化课堂教学效果，提高课堂教学效率。优秀的教师带出的学生多半也是优秀的，因此，想要提高学生的人文素养和综合能力，选择优秀的教师来任教是十分必要的。在这样的情况下，学校应在招教标准上严格要求和把关，确保可以招进来更加优秀的汉语言文学教师，进而为提高学生的人文素养奠定基础。

4. 结合实际情况选择教学内容

汉语言文学教育与人文素质教育的结合对策之一是结合实际情况选择教学内容，特别是在大多数学校将汉语言文学设置成选修课的情况下。为了激发学生的学习兴趣，教师在教学内容的选择上需要审慎取舍，注重贴近学生的实际需求和兴趣点。

（1）教师应当有针对性地调整教学内容。对于那些枯燥乏味的文章，可以适当剔除，避免让学生感到学习负担沉重。反之，可以多拓展一些学生感兴趣的文学内容，如当代比较受欢迎的小说、影视剧作品等。通过引入更生活化、贴近学生日常生活的文学作品，教学者能够更好地引发学生的兴趣和好奇心，从而激发他们对汉语言文学的学习欲望。

（2）教师可以通过多元化的教学方式，引导学生积极参与讨论。课堂讨论是激发学生学习欲望的有效手段。在选择教学内容时，可以选择具有争议性、思考性的文学作品，通过对其进行深入的解读和分析，激发学生的思考。通过开展小组讨论、学术辩论等形式，学生不仅能够更深入地理解文学作品，还能够培养批判性思维和团队协作能力，从而使学习过程更富有活力。

（3）教师还可以结合学生的实际兴趣，引入一些与时代背景相符的文学内容。例如，结合当前社会热点、文化现象，选取与之相关的文学作品进行教学，这不仅有助于拉近教学内容与学生生活的距离，还能够使学生更好地理解和关注当代社会的变革和发展，培养他们的社会责任感和批判思维。

在选择教学内容时，教师需要更加灵活地运用教材和参考书目，不拘泥于传统的文学经典，更要关注学生的兴趣点和实际需求。通过巧妙地结合汉语言文学与当代文化、社会发展的内容，教学者能够更好地引导学生在学习过程中体验到文学的魅力，从而激发他们对人文素质的热爱和追求。

5. 积极开展不同教学实践活动

当前，部分学生人格上的缺陷十分影响他们的日常生活与学习，对学生的健康发展是非常不利的。因此，在具体教学中，教学者应多组织一些教学活动，有目的地培养学生健全的人格。在汉语言文学教学过程中，教师可经常组织诗歌比赛、朗诵比赛等活动，让学生积极参与这些活动，树立正确的人生观、世界观和价值观，让学生保持健康的心理状态。

学生学习汉语言文学既能丰富学生知识体系，又可以帮助学生树立正确的价值取向，提高他们的人文素养。因此，在实际教学中必须注重汉语言文学教育，加强教师队伍的建设，为我国源源不断地培养高素质人才。

二、强调对于汉语言文学教育的创新

汉语言文学教育具有较强的实用性，切实分析汉语言文学教育发展中的问题，不断进行探索，并把汉语言文学教育的创新研究放在教育工作的重要位置上，对汉语言文学教育有重要意义。

（一）汉语言文学教育创新的目标

汉语言文学创新必须以教育创新为发展基石，这涉及对汉语言文学教育进行创新研究，其中的首要任务是培养创新人才、加强创新实践、建立创新性管理体系。在这一背景下，发展汉语言文学教育创新的目标旨在培养更具创造力的师生，使其具备更广阔的视野和更灵活的思维方式。

第一，创新人才的培养被认为是推动汉语言文学教育创新的关键因素。这涉及建立更加灵活、符合时代需求的培养体系，为学生提供更为丰富多样的学科知识和实践经验。教育者需要重视学生的创新潜能，通过开设专业实践课程、参与实际项目等方式，激发学生的创新热情，使其具备实际解决问题的能力。此外，为了培养创新型人才，教育机构还应当注重培养学生的跨学科能力，使他们能够在不同领域中融会贯通，更好地应对未来社会的复杂挑战。

第二，加强汉语言文学教育创新实践是发展创新的关键一环。在实践中，学生能够将所学知识应用于实际情境中，从而更好地理解和掌握。教育机构可以鼓励学生参与文学创作、文化活动、社会实践等各类实践项目，通过实践，学生能够培养创新意识、加深对文学的理解，并更好地应用所学知识。教育者也可以借助新技术手段，如虚拟实验室、在线项目合作等，为学生提供更为丰富的实践机会，促使他们更好地将理论知识转化为实际能力。

第三，建立创新性管理体系是支撑汉语言文学教育创新的重要保障。学校管理者需要转变传统的思维模式，改变陈旧的管理模式，采用更灵活、适应变化的管理方式。这包括建立鼓励创新的激励机制，为教师和学生提供更多的发展空间；优化教育资源配置，提供更为开放、自主的学习环境；与社会企业建立更紧密的合作关系，借助外部力量推动教育创新。只有通过建立科学合理的管理体系，才能更好地推动汉语言文学教育向更高水平迈进。

总而言之，发展汉语言文学教育创新的目标不仅在于培养创新型人才，更在于培养师生的创新思维。创新思维是培养创新意识的前提，是推动文学教育不断进步的动力。学校管理者需要推动教育者在教学中注重启发式思维的培养，鼓励学生跳出传统框架，勇于尝试新的观点和方法。通过注重创新思维的培养，学生可以更好地理解文学知识的本质，更灵活地应用知识解决实际问题，使其具备更强的创新能力。

（二）汉语言文学教育创新的意义

"发展汉语言文学教育创新的意义在于巩固并增强汉语言文学在国际教育中的地位。"① 汉语作为中华文化的载体具有重要的意义，应抓住经济全球化为汉语言文学的发展提供的契机，加强汉语言文学发展的改革与创新，加大汉语言文学教学创新的力度，开阔汉语言文学教育的空间。从汉语言文学教育现状来看，教学思想的落后以及教育体系的陈旧是导致当前汉语言文学教育质量有待提高的关键，在这样的情况下，要想改善现状，有效提高当前汉语言文学教育质量，促进学生能力全面提升，为社会发展培养更多的优秀人才，应采取适当的措施来进行汉语言文学教育的创新，为社会发展提供源源不断的人才动力。

---

① 王玥. 汉语言文学教育与教学方法的创新研究 [M]. 延吉：延边大学出版社，2020：4.

汉语言文学专业的教育，一方面要注重提升学生的汉语言文学功底，提高学生的文学素养；另一方面，也应当从学生今后所要从事的教育行业着手，提高师范类学生的教学能力。只有这样，才能够保证汉语言文学专业学生能力的全面培养和提升，培养出更多优秀人才，为学生今后就业奠定基础。结合专业教学的实际情况以及学生发展的具体需求，进行汉语言文学教育创新，构建创新型教育体系，成为当前汉语言文学教育的重点目标。

（三）汉语言文学教育创新的措施

1. 更新教学思想

在汉语言文学教育创新体系构建的实际过程中，更新教学思想是最基本的要求。在传统教育的教学思想影响下，汉语言文学教育都是围绕如何提高学生的应试能力保证学生考试成绩提升来展开的。一味地遵照考试题目来进行知识的学习，这样不仅限制了学生知识面的拓展，同时也在无形之中使得学生形成了固定的考试思维模式，限制了学生创新思维的形成与发展。因此，要构建汉语言文学教育创新体系，先要做的事情就是采取适当的措施来更新教学思想。学校应增强师资队伍建设，为专业教育注入新的血液，带来更多创新的想法。

2. 优化课程设置

在课程设置方面，汉语言文学教育的一些课程主要偏向学生语言能力的培养与提升，而往往忽视了学生师范能力的发展，同时也忽略了学生创新思维和创新能力的培养。在这种情况下，学校应采取适当的措施来优化课程设置，确保专业教育课程的科学性和合理性，提高课堂教学质量，保证学生综合素质的提升。

（1）专业课程的设置应注重学生创新能力的培养。为实现这一目标，学校可以适度增设一些具有创新性的教学课程。这些课程不仅应关注语言技能的提升，还应引导学生思考问题的能力，培养他们解决实际问题的创新思维。通过引入一些前沿的研究领域、创新性的文学作品，学生将有机会接触到新思想、新理念，从而激发他们对创新的兴趣。

（2）学校可以将一些创新的观点以及创新的语言表达方式融入实际课堂教学。这可以通过教师的灵活教学方法和创造性的教学设计来实现。教师可以引导学生在讨论中提出新颖的见解，鼓励他们在写作中尝试不同的表达方式。通过实际案例分析、小组合作等形式，将创新元素融入课程，从而培养学生对于创新思维和创新能力的认识和实践。

（3）学校还应当注重教育课程设置的科学性和合理性。这包括根据学科发展趋势和学生需求，合理安排各类课程，确保其紧密结合实际应用和职业发展。课程设置要考虑到不同层次学生的需求，提供多样性的选修课程，满足学生个性发展的需求，使其能够在专业领域更全面地发展。

（4）学校在课程设置方面还要加强对教师的培训与引导。教师在课堂教学中的创新思维和创新能力对学生至关重要。因此，学校应提供相关培训，引导教师更好地将创新元素融入课程设计和教学过程中，使其具备更强的创新意识和创新能力。

3. 提高实践能力

汉语言文学专业的教育体系构建应当重视学生实践能力的提高，只有在保证学生实践能力提高的前提下，学生在遇到问题时才能够快速地应用自身所学的专业知识来解决问题，这充分表明了提高学生的实践能力在汉语言文学教育过程中的重要性。学校应当与更多的企业机构合作，为学生争取更多的实践机会，为学生提供更好的实践平台，让学生能够充分进行实践，在实践的过程中提高学生对专业知识的理解与运用，同时有效发散自身的创新思想。汉语言文学教育创新是保证当前汉语言文学教育专业发展的首要前提。因此，学校应当采取适当的措施更新教学思想，优化课程设置，提高学生的实践能力，通过一系列的措施来实现课程教学的创新，培养发展学生的创新思维和创新能力，保证学生能力的综合发展。

三、优化汉语言文学教育的基本策略

（一）明确汉语言文学中的教学理念

只有教师明确汉语言文学的教学理念，才能推动汉语言文学教育的深入发展：①教师应该提升自身的教育理念，不断更新教学内容，满足学生发展的需求；②教师应该将汉语言文学的教育理念贯穿课堂始终，不断提高学生的文学素养；③在教学过程中，教师还应该有效掌握课堂教学的方向，梳理出清晰的教学思路。

（二）优化汉语言文学课程结构体系

汉语言文学教育在一定程度上能够推动社会的进步与发展，能够创造出更大的社会效益。因此，完善汉语言文学课程结构体系很有必要。一方面，在汉语言文学的教学过程中，教师应该正确引导学生，以学生作为课堂的中心，充分调动学生的主观能动性，使他们能够积极地投入课堂中；另一方面，教师还应该为学生营造良好的学习环境，开阔学生的视野，激发学生的学习热情，提高教学成效。

（三）加强教育理论与实际应用结合

只有将理论与实际应用相结合，才能更好地推动汉语言文学教学的有效开展。一方面，教师不仅要注重理论知识学习，还要高度重视实际应用能力。在汉语言文学教学过程中，教师应该把课堂中所学的理论知识与实际工作中的内容相结合，只有这样，才能让学生充分掌握教学的相关内容，并将其合理地应用到实际工作中去，为学生今后的工作奠定基础；另一方面，教师还应该充分掌握学生的学习状况，注重学生在学习中提出的反馈建议，并对其进行分析，这样有利于教师及时调整原有的教学方法和手段，从而树立正确的教学思想。

（四）提高汉语言文学教师专业素养

学校应提高汉语言文学教师的专业素养，提升教师的教学技能：①学校应该定期组织教师参加培训活动，丰富他们的理论知识；②教师要改变传统的教学手段，更新教学方式，培养学生的独立自主能力，与学生进行良好的互动，营造轻松活跃的教学环境，激发学生的学习热情，让学生积极投入课堂中去；③教师还应该善于应用全新的教学策略，如开展小组合作学习或进行在线互动等，这不仅能够提高学生的学习成效，还能在一定程度上满足学生的需求。

第二节 汉语言文学与语文教育的对接

语文教育是教授学生交际的工具性学科,汉语言文学教育从根本上而言属于语文教学的范畴。而由于在较长时间内受到传统教育观念的影响,在语文教育中,缺乏对汉语言文学教学的重视,更多地注重理论知识的学习,而忽视了对学生文学素养的培育。因此,在新的时代发展背景下,"为提高语言教育的质量,优化学生的综合素质,需要实现汉语言文学教育与语文教育的有效对接,将汉语言文学的精髓注入现代语文教育中,从教学方法与技术运用等方面实施对接思考,将汉语言文学教育信息融入语文课程教育中,转变教育观念,以开放的思想正视汉语言文学与语文教育的对接"[①]。

汉语言文学本身就属于语文教学内容的一部分,但是,在传统教育模式下的语文教学并没有重点把握对汉语言文学的学习,反而更多的是为考试而学习,而不是为文学学习。因此,语文教育和汉语言文学教育应该实现更多方面的共通和交流,应实现语言教育和汉语言文学的对接性教育,这样才能构建我国现代语文教育的高素质和高质量发展,也才能更好地弘扬我国的汉语言文学精髓。

语文教育与汉语言文学教育的对接需要在多个方面进行综合考虑。在语文知识的运用、教学方式以及计算机信息技术等方面,都要进行有机的对接性思考,以便将汉语言文学领域的信息有机地融入语文课堂教育中,这样才能确保汉语言文学的丰富内容能够为语文教育提供更丰富的资源。另外,对待汉语言文学与语文教育的对接应该持开放的心态。尤其在当前教学理念越来越倾向宽容和开放的情况下,我们更应以乐观、积极的态度正确理解语文教育和汉语言文学的对接问题。这意味着不仅要欣赏语文教育和汉语言文学各自的价值,更要找到它们之间的共通点和互补之处。通过相互对话、融合,能够更好地实现两者的有机结合,推动语文教育与汉语言文学教育的共同发展。总而言之,汉语言文学与语文教育的对接需要注意以下方面。

---

① 王西维. 汉语言文学与大学生人文素质教育 [M]. 长春:吉林人民出版社,2019:24.

一、以语言现象作为基础实现对接

汉语言文学是语言的艺术表现，它肩负传播人文精神风貌的责任，承担着提升整个民族语言文化水平的社会职责。在汉语言文学教育中，重视语言对人类生存与发展的意义，关注学生人文素质的培养，强调的并非实际的经济效益，而更注重社会精神文明方面的培育效果。

文学艺术作品与实用性文体有所不同，相较于议论文、科普读物，它在情感表达方面具有独特的优势，能以情感打动人、以美学教育人。因此，要实现汉语言文学教育与语文教育的有机对接，需要将语言现象作为对接的基础，将文学视为语言学习的滋养，以此实现对学生人文关怀的培养。两者的共通性不仅在于文学知识的传授，而且在课堂教学、教学理念、师生关系等方面也存在一定的联系。它们共同关注对学生人文关怀的教育，致力于将文学教育融入学生的观念与生活。

因此，需重视对学生人文关怀的教育，为学生提供必要的情感关怀。在课程教学中，应注重丰富学生的情感体验，陶冶其情操，进而提升学生的人文素养与品格。此外，在构建师生关系方面，教师需要改变传统的教学方式，采用多元化的教学手段，如辩论赛、讨论、游戏等形式，融入课堂教学，活跃课堂氛围，增强课程趣味性。通过建立和谐的师生关系，促进师生之间的交流，调动学生学习的积极性，帮助学生掌握更多语文知识，完善文学素养，推动文化的传承与发展。

二、以能力的提升为意图实现对接

（一）整合汉语言文学与语文教育实践优势

教学活动的目的主要是为社会提供复合型的人才，因此，语文教育与汉语言文学教育的最终目的便是为提升学生的实践能力与综合素养，使其能够更好地迎合社会对人才的需求，两者在培养目标方面有一定的共通性特点。因而，为提高其对接的有效性，首先，应开设汉语言文学教学实践课堂，为学生开展文学实践创造必要的条件，在此过程中要深化对学生实践能力的培养；其次，创设语文教育与汉语言教育文学综合发展模式，在提升学生语言表达能力的同时，提高学生专业应用方面的能力；最后，从其就业方向考虑，重视对学生读、写、说三方面技能的培养，关注其理解能力、调研能力的提升，整合有效课程，拓宽语言教学的广度，丰富汉语言文学教育的内容。

（二）利用现代化多媒体教学技术进行教学

借助现代化多媒体教学技术丰富汉语言和语文教育中学生的创新能力。计算机技术的迅速发展催生了多媒体技术的普及，当前多媒体教学已广泛应用于不同高校的课堂教学。它在实现汉语言文学教育与语文教育有效对接方面也有一定的积极意义。因此，在语文教育中，应以多媒体为媒介，收集更多汉语言文学教育的素材与内容融入语文教育中。这样可以激发学生的学习兴趣，提升学生的想象能力，增强其在文学写作方面的兴趣，提高学生的汉语言文学鉴赏能力，培养学生的自主学习能力。通过实时多媒体教学，将汉语言文学知识普及于中小学课堂中，强化对学生文学素养的培养，为其积累深厚的文学底蕴。

要实现语文教育与汉语言文学的有机对接，教师还需树立开放的教学思想，善于利用最新技术的成果，掌握现代化教学手段，激发学生的创造性。在语文教育中注入更多的汉语言文学元素，提高学习的创新性与有效性。

（三）重视课堂环节设计同时开放学习资源

当前，要在语文课程教学中重视课程环节的设计，根据教材内容选择适当的教学活动，确保教学组织形式的多元化，通过采取编排相关课本剧，开展语文游戏、诗文朗诵等活动，提升学生对课文内容的理解，深化其文学修养。同时可适当组织汉语言文学作品的鉴赏活动，培养学生的人文精神与文学素养。让学生在阅读与鉴赏的过程中，感受文学作品的魅力，充分发挥文学育人的作用，使学生在活动中体验到学习文学作品的乐趣，丰富其实践体验，进而提高学生的听、说、读、写能力，实现教育的有效对接。

三、以情感体验作为媒介实现对接

汉语言文学和语文教育教育均充满着较为强烈的情感，蕴含着丰富的情感体验。在语文教育方面，古人最早有提出意、情、行、知四者相互交融、渗透的观念，同时也表明在语文课程中，情感体验是学生知识来源及学习体验的主要部分。一般语文课本中包含了许多文学作品，而作品中也富含各类情愫，有不同的情感纽带。因此，在语文教学中，应该重视情感体验的作用，让学生进入作者所创设的情感意境中，体会文章创作的感情，让学生在优秀的文学作品中体验到生活中的不同情绪，感受到大千世界的不同表现——真实、善良与美感。

当前，在语文教学中，文学作品的价值主要通过阅读与鉴赏过程体现。这要求教师在语文教学中善于引导学生进入作品情境，在教学过程中注重对文学形象的把握与感知，关注作品内涵的展示，督促学生用创新思维解剖课文。汉语言文学的教学过程应打破现实生活的限制，使学生能够在更广阔的时空范围内体验生活、感受情感的过程，这体现了语文教学的美，能够使学生打破局限环境的限制，体验到实际生活中的真实情感。因此，在语文教学过程中，需要引导学生全身心地投入教学情境，丰富其情感体验，让学生真切感受文学作品中人物的情感与其心理感受。通过人物表现，领会文章的中心，把握文章结构，以情感体验作为媒介，实现汉语言文学教育与语文教育的有效对接。

另外，教师的人文关怀在一定程度上可以弥补远程教育的多种媒体的格局中人气不足、友情缺乏等缺憾，也可以纠正成人教育的知识化倾向，同时还可以激发、培养学员自主学习的积极性。文学是人学，只有当它真正进入了人的心灵，才能让人体会各种生活滋味，从而丰富情感、陶冶性情、塑造心灵。因此，汉语言文学教师应通过营造欣赏氛围，让优美的文学作品陶冶人、塑造人，同时增加教学情趣，用多种指导形式关注学生、引导学生，例如，教师在电话答疑时，接通电话应先问候学员，在答疑过程中做到热情、耐心、语言风趣、优美，尽量赞赏学员的进步与收获，鼓励学员不懈努力，体现出教师对学员的关心和以学员为本的高度认真负责的师德风范。构建交往互动的教学机制，以对话合作方式激发人、解放人，这样有助于建立学员的学习集体感，使他们逐渐养成互相关心、平等合作的做人习惯。

四、以基础知识作为前提实现对接

以现代文学专题教育为例，在教学过程中，必须让学生明确当代文学发展的主要轨迹,整理发展的基本阶段,列举各阶段的代表性作家和作品,分析其所属流派,辨别各流派的代表特点和艺术特色,明确流派之间的联系与区别,使学生能够自主勾画出现代文学发展的主要轨迹。因此,在语文课程教学中,需要充分把握与课程相关的教学资源,在明确课程基本内容后,设计完善的框架结构,整合相关课外题材,向学生多角度、多方面地解读不同作品,设置专题开展文学作品讨论,分析同时期不同作品的文学特点,使学生能够清晰掌握课程讲授的脉络,深化其自主学习能力,助其建构新的知识结构,提高语文课程教学的新颖性与灵活性。新课程标准下的语文教学要求教师面向社会与生活,重视学生的情感体验与思想意识教学。在一定程度上打破了传统教学中将语文课程视为工具教学的封闭特征,呈现了语文教学的开放性形式。

因此,汉语言文学教学需从知识构建方面强化与语文教学的联系,重视两者有效性的对接,强化新时代背景下,开放教育意识与宣传理念的灌注,使学生掌握建构知识的方法,明确语文学习的特征。将学生作为课堂教学主体,注重学生学习精神及能力的培养,激活学生在语文学习方面的欲望,使其树立终身学习的思想,进而实现语文教学与汉语言文学教育的对接。

综上所述,语文教育是帮助学生掌握交际工具的主要途径,是人们交流的媒介,是提高学生表达水平、锻炼其思维能力的主要依托,它有其独特的表述作用,能够发挥其充分的交流作用。现代汉语言教学语语言教育并不存在本质上的冲突,汉语言文学教育同样属于语文教学的范畴,两者均承载着传播语文知识与人文精神的神圣职责,共同目的均为向社会输送所需求的相关人才。因此,必须树立语文终身教育观念,实现语文教育与汉语言文学教育的有效对接,以语言现象作为基础,以实践能力的提升作为探索对象,以情感体验作为媒介,以基础知识作为前提,实现两者之间的有效对接。

第三节　汉语言文学的教学特征及应用性

"随着教育事业的发展和教育改革的不断深入,汉语言文学专业的教学也发生了深刻的变化。"① 同时，随着我国经济的发展与科学的进步，社会对人才的要求也越来越高，汉语言文学专业同样面临着很大的压力。在这样的形势下，许多汉语言文学领域的专业人士对其专业的应用性提出了更高的要求。现代社会对高素质的人才提出了新的要求，决定了汉语言文学应该尽快增强其自身的应用性，以适应社会发展的需要。汉语言文学专业教育的基本特点是将其发展现状与社会对人才的实际需求相结合。

汉语言文学专业是一门在教学内容上相对固定的专业，面对教育体制的转型与改革，汉语言文学专业应当挖掘出更加可行的办法来适应现状，更好地满足社会发展的需求，使更多的汉语言文学专业的学生能够走上工作岗位，为社会发展贡献自己的一份力量。汉语言文学有着非常悠久的教学历史，是一门培养专业性汉语言人才的学科。随着社会的不断发展，由于汉语言文学学科的特点和自身特有的性质，致使汉语言文学专业的人才在社会上的需求逐渐降低，汉语言专业毕业的学生就业率逐年递减，就业压力倍增。因此，提高汉语言文学专业的应用性已成为目前汉语言文学专业教育者普遍关注的问题。

一、汉语言文学教学的特征

（一）特殊性特征

随着社会经济的日益发展，社会对专业性人才的需求量越来越大。各行各业都希望在较短时间内获得更多经济利益，因此技术类专业如建筑、机械、化工、医学等领域的人才需求非常旺盛。理工类学科具有较强的理论性知识，可以通过数据证明结果，而汉语言文学专业短时间内在社会上很难充分发挥自身价值，仅作为一种隐性价值存在。因此，汉语言文学专业通常成为一种没有固定职业方向的特殊专业。

然而，汉语言文学作为一种学科存在于各类学科之中并不是毫无价值的，这取决于从怎样的角度去探索汉语言文学专业的内涵。由于其相对隐性的特点，不能将这一专业与其他理工类专业进行直接比较。因此，目前对汉语言文学专业的

---

① 孟鲁莎. 汉语言文学专业教学探讨 [J]. 教师：上，2014 (10)：35.

应用性应该以理性思维考虑，避免将其与理工类专业相提并论。

（二）影响性特征

在人文社科方面，汉语言文学是一门非常具有影响力的学科。汉语言文学作为最直观的传输媒介，在整个人文教育过程中起着增强全民族文化素质的决定性作用，包括人类生存的含义和人类价值的关怀，以及对社会责任感的体现，主要体现在对祖国、对民族、对团体、对个人及其他人的认知上。汉语言文学专业跟其他专业有所区别，它没有一个确定的职业方向及定位，汉语言文学专业主要是主张关注学习人员的人文素质教育。

（三）重要性特征

为了适应快速发展的社会需求，必须加强和提升汉语言文学专业的实际应用能力。在企业和各个行业的人事选拔中，汉语言文学专业的学生展现出的良好语言叙述能力能够更好地在选拔中体现，主要表现在人的基本素质方面。只有顺应社会的这一需求，在学习中培养和提升人的综合能力，才能更快地适应社会的进步和发展。

素质教育的进一步发展要求提升汉语言文学专业的实际应用能力，培养高质量的专业人才，全方位地提高专业人员的综合能力，提升汉语言文学在现实社会中的适用性是素质教育的最高目标。因此，想要实现这一目标就需要将理论与实践相结合，以更好地将专业人员与实际应用相结合，为步入社会从业创造基础。汉语言文学专业学生的工作方向主要包括教师、文案秘书、新闻采编人员等工作。然而，实际上，汉语言文学专业的毕业生也在一些国有企业、事业单位以及其他公共学科单位工作，还有一些从事经济金融、建筑地产等方面的工作，这充分表明汉语言文学专业具有较强的职业适应性。因此，提高汉语言文学专业人员的应用性知识是汉语言文学专业教师们应该关注的重点。

二、汉语言文学教学的应用性

汉语言文学是培养学生专业性文学能力的学科。为了使汉语言文学专业的人才能够达到学有所用，体现出自身的价值，很多高校都开设了与汉语言文学相关的课程，如文秘学、国际汉语、新闻传播学等，这样的举措给汉语言文学专业学生未来求职奠定了基础。提高汉语言文学教学的应用性可以从以下两方面着手。

第一，从就业方面提高汉语言文学专业的应用性。汉语言文学专业就业率远远低于同为文学类学科的专业，如文秘、新闻、广告、公共管理等。面对当前处于劣势的就业局面，学校汉语言文学专业的有关人员需要从就业的角度提高汉语言文学专业的应用性，把教学的内容同就业实际情况相结合，开展一些职业相关的教育培训活动，让学生步入社会，从实践活动中得到锻炼，更好把握就业机会，提高自己的就业竞争力。

第二，从学生深造的方面提高汉语言文学专业的应用性。从学生深造的角度来看，提高汉语言文学专业的应用性尤为重要。随着社会对人才需求的增加，更加关注人才的质量，即人才是否掌握全面、稳固的专业知识。因此，汉语言文学专业的学生不仅要精通所学的专业知识，同时还应将继续深造看作将来就业的有力保障。只有通过学习和掌握更多、更深、更全面的专业性知识，不断提升整体素质，才能在竞争激烈的就业市场中充分发挥所学知识，为自己和社会创造财富。

思考与练习

1. 在实现汉语言文学教育与语文教育的有机对接中，如何以语言现象作为基础，将文学视为语言学习的滋养，实现对学生人文关怀的培养？

2. 如何有效加强和提升汉语言文学专业的实际应用能力，以满足社会对人才的快速发展需求？

3. 简述汉语言文学教育实施人文素质教育的必要性。

第二章　汉语言文学教学的知识表达

第一节　汉语言文学教学——字、词、句

一、汉语言文学教学——汉字

　　方块汉字是世界上一种十分古老又特别的文字，是中华民族的伟大创造。在运用汉语进行表达时，必须掌握好汉字。文字是人类社会发展到一定阶段的产物。而汉字起源于图画与契刻。在人类文字出现之前，人们普遍采用实物和图画以记事和传信。图画记事是用线条来表示事物，记事的图画经过长期演变，可以形成图画文字。再经过长期使用，图画文字的形体、读音和意义比较稳定了，就产生了象形文字。汉字中的数字来源于契刻。古代计数通常使用结绳和契刻两种方法。契刻有书写的特征，契刻的线条可能发展为原始的数字，估计有部分汉字的数字起源于契刻。

　　记录语言是文字的共同性质，每一种语言都有一个由若干音素、音节组成的语音系统和由语素、词组成的词汇系统，都可以用符号去记录它。根据记录语言的途径及记录语言符号的性质，世界上的各种文字大致可以分为两类：表音文字和表意文字。表音文字通过为音位或音节制定的符号来记录语音，这些符号仅与声音联系，与语言的意义无关。

　　一种语言里，音节与音素是有限的，因而表音文字用的字母也是不多的，掌握了这些字母以及拼写规则，就可以拼写和认读该种语言。表意文字通过一定的象征性符号的组合，表示语素和词的意义，从而记录了语言的语素和词。在古代汉语中，单音节词占优势，在大多数情况下，一个汉字记录的是一个语素，也是一个词。在现代汉语中，双音节词占优势，在大多数情况下，一个汉字记录的是

一个语素，但不一定是一个词。

（一）汉字形体演变

"随着时代的发展进步，汉语言文学的地位日益凸显"[1]，汉字作为汉语言教学中的重要内容之一，其有着悠久的历史，它在长期发展中其形体不断变化。从汉字的形体发展来看，主要包括以下三方面。

1. 古文字

（1）甲骨文。甲骨文这种文字是刻写在龟甲兽骨上的，多用来记录占卜的内容。甲骨文是迄今为止已发现的最早的成熟的汉字体系。汉字的各种构成原则在甲骨文中已有充分的体现。甲骨文是用刀刻在龟甲或兽骨上的，所以，笔形是细瘦的线条，拐弯多是方笔，外形参差不齐，结体大小不一。又因为文字尚未统一，许多字可以正写、反写，笔画繁简不一，偏旁不固定，异体字较多。行文的程式不统一，有的从左至右写，有的从右至左写，有的在直写的款式中插入横写。

（2）金文。金文是铸或刻在商周青铜器上的古代文字，因为商周人把铜叫作金，故名。青铜器以钟和鼎最为常见，所以，金文又叫钟鼎文。古代镂刻称为"铭"，所以，金文又称为铭文。金文的最早实例出现在商代中期，当时只是用来记铜器名、物主名、工匠名。一般只有两三个字，较长的也不超过50字。金文是从甲骨文发展来的，形体上和甲骨文很接近。形体不太固定，一字有多种写法，也有合体字。但金文中形声字的比例较甲骨文有明显增加，合文也比甲骨文少得多。从字体上看，金文圆笔较多，线条自然，字形趋于工整，具有一定的书法美。

2. 今文字

（1）隶书。隶书是经过简化、草化篆书演变而来的一种汉字形体。隶书到汉代得到极广泛的应用，成为官方正式认可的文字。隶书变小篆弧形圆转的线条为平直的方折笔画，隶书以扁形的方块汉字代替了小篆长圆的方块字。隶书比小篆

---

[1] 安鑫. 加强汉语言文学研究，丰富特殊教育教学内容 [J]. 考试周刊，2015（92）：22.

的笔画大量减少，彻底排除了图画的成分，变成单纯的书写符号。隶书删繁就简，变连为断，偏旁部首可以变通，书写速度加快，是汉字形体的一次大变革。

（2）楷书。楷书是从隶书发展演变而来的，兴于汉末，盛行于魏晋，完全成熟于唐代，一直沿用至今天，是通行时间最长的标准字体。楷书同汉隶的基本结构相同，主要区别是笔形不同。楷书形体方正稳定，笔画平直明确，成为书写自然的文字。楷书也充分体现了汉字的书法美。

（3）草书。甲骨文、金文、隶书、楷书都是在一定历史阶段正式运用的文字，而草书、行书等一直是辅助性的字体。草书是隶书的草写体，起源于西汉，称为"隶草"，东汉章帝时盛行，称为"章草"。东晋以后的变体称"今草"，它是从章草变化而来的，形体连绵，贯通一气，笔形是楷书化的草写，没有章草的波磔，笔画多连写，多省略，书写简易快速，但不易辨认。

（4）行书。行书产生于东汉末年，由楷书变化而来，盛行于晋。一般称接近楷书的行书为行楷，称接近草书的行书为行草。行书行楷不拘，笔画连绵，各字独立，成为魏晋以后日常运用的主要字体。行书毕竟有些草率，未能代替楷书成为正式的书写文字。

3. 现行的汉字形体

（1）现行汉字常用字体。现行汉字经常运用楷书和行书，国家正式发布的文件和一般的报刊、书籍都是用楷书，日常书写中一般都采用行书。在印章、对联、匾额以及文章的标题等特殊场合，有时也运用隶书、篆书、草书，还可以用金文、甲骨文。书法艺术作品，各种形体都可以运用。

（2）印刷体。汉字的印刷体是指印刷上常用的楷书的各种变体，其特点是规整端正，笔画清晰，结构匀称。印刷体又可分不同的字体和字号：①宋体是最通用的印刷字体，笔画横细竖粗，形体方正严谨，又叫老宋体、古宋体、灯笼体；②仿宋体的笔画不分粗细，形体方正秀丽，讲究顿笔，又叫真宋体；③楷体的笔画不分粗细，形体端正，近于手写楷书；④黑体的笔画粗重，形体浓黑醒目，又叫黑头字、方头字、方体字。印刷体按字体大小不同，分成不同的字号，常用的字号从大到小有初号、一号、二号、三号、四号、小四号（新四号）、五号、小五号（新五号）、六号、七号。

（3）手写体。手写体指用手执笔直接写成的汉字，一般用行书，有些也用楷书或草书。手写体根据运用的工具不同,可以分为软笔字和硬笔字,软笔字使用传统的毛笔或其他类似毛笔的软笔。硬笔字使用钢笔、圆珠笔、铅笔等。

(二) 汉字正确使用

1. 正确使用汉字

在使用汉字时,要根据《简化汉字总表》《第一批异体字整理表》《印刷通用汉字字形表》等对汉字形体的规定,统一汉字规范的字形。其中,要注意正确使用简体字,主要包括以下方面。

(1) 坚持用规范的简体字、已经简化的字,除某些必须使用繁体字的情况外,不再使用繁体字。已经简化的字,要严格按规定的字形使用,不得任意改动。虽然简化字来自民间,但需要相对稳定,不能根据个人需要,任意杜撰简体字。

(2) 注意简化字与繁体字之间的对应关系。有的字虽然字形相同,但由于原本就有两种读音和两种意义,这时要注意明确:简化的是哪一种读音和意义上的字,未简化的是哪一种读音和意义上的字,不可混淆。

(3) 注意偏旁类推简化的范围和掌握"识繁用简"的原则。写字要用规范的简体字,但不意味着繁体字毫无价值,古代典籍都是用繁体字记录下来的,要阅读和利用不认识繁体字是不行的。因此,要做到用简识繁,使用简体字,认识繁体字。

2. 及时纠正错别字

写错别字包括写错字和别字。错字指把某字笔画写错,写得不成字;别字,指把甲字写成了乙字。每一个汉字都是形、音、义的结合体,如果认真从字形、字音、字义方面多加练习,可以有效地纠正错别字现象。

(1) 分辨字形。有的汉字笔画差别很小,必须仔细分辨,否则很容易写错。汉字中形声字占绝大多数,形旁与字义有关,用字时对形旁加以分辨,就能避免写错某些字。形声字的声旁是表音的,虽然有的已不能准确表音,但与该字的读音总有一点关系。分辨声旁也能有利于分辨字形。

(2) 了解字义。汉字是一种表意文字,到现代,许多字的字形仍然与字义有关。了解字义有助于纠正错别字。

（3）注意字音。读字读错音了，叫读白字，也是错别字的一种。有时还由于读错而影响到写错。汉字不是拼音文字，看字不能明白读音。汉字中形声字占了很大的比例，但由于文字的演变，声旁表音的情况非常复杂，如果机械地用声旁来读字，会出现很多读白字的情况。还要注意掌握多音字，了解其在不同场合中的不同读音，以免出错。

二、汉语言文学教学——词汇

词汇是说话、演讲、写文章的基础，只有掌握丰富的词汇，才能提高分析、鉴赏和运用语言的能力，才能提高说话或写文章的水平。

（一）汉语词汇的构成

1. 汉语词汇的语素

词是由语素构成的。语素是有意义的最小的构词单位。语素的主要作用是构词。语素有单音节的，也有多音节的。有的语素虽没有词汇的意义，却具有语法意义。语素都有意义，不论是单音节的还是多音节的语素都不可再进行划分。

2. 单纯词与合成词

词又分为单纯词和合成词。单纯词由一个语素构成，包括单音节和多音节的形式。单音节的单纯词通常是一个音节对应一个汉字。多音节的单纯词中包括联绵词、拟声词、叠音词、译音词等。这些多音节的单纯词通常由一个语素组成，不能再拆分。拟声词也称为象声词或摹声词，用于模拟自然音响。叠音词由某一音节的重复构成，其中每一个重复部分都是不表达独立意义的音节。译音词是完整记录外语词汇声音的外来词，每个音节只是简单地记录声音，而不单独表达意义。

合成词是由两个或两个以上的语素按照一定的组合方式构成的词。合成词的构成方式，主要有复合法、附加法、重叠法三种。复合法是两个或两个以上具有词汇意义的语素组合成词的方法。它是汉语中最常见的，也是最易产的一种构词方式，所以由复合法构成的词在现代汉语词汇中占明显的优势。

3. 附加法与重叠法

附加法，即在表示词汇意义的语素上附加上表示语法意义或感情色彩的语素，其中又有前附加式和后附加式的差别。前附加式即在表示词汇意义的语素之前加上附加成分。后附加式即在表示词汇意义的语素之后加上附加成分。此外，还有后附加成分是一个叠音词缀的。重叠法，即重叠某个有词汇意义的音节的方法。

（二）汉语词汇的意义

1. 单义词与多义词

单义词是指只有一项词义的词，其中包括表示人名、地名、国名等专门的名词，表示一般名称的人或事物，以及表示人称数量的词。总体而言，汉语词汇中的单义词相对较少，而多义词占据了大部分。多义词指的是具有两项或两项以上词义的词。在汉语中，大多数词都具有多义性，尤其是那些历史悠久、使用频率较高的词汇，其词义通常较为丰富。

随着社会的发展变化，词义在语言运用中也处于不断发展变化的状态。词义的变化，最明显的表现就是促成词的多义性，使词的意义更加丰富，并且由于一个词的多义性分解，又可以产生出新词。可见，多义词是语言运用的产物，是词义发展变化的结果。

多义词的各项意义之间互有联系，有的直接，有的间接，有的密切，有的疏远。这些差异，使诸项意义既互有联系又彼此独立。一般而言，多义词各意义包括本义和转义两种。其中本义是最主要最常见的意义。在词典中，第一个注释的词义一般是本义，在运用中，本义一般也是较常用、最明显、人们较容易想到的词义。

本义不一定是最初的意义。转义是从本义发展衍生出来的意义，引申义指的是由词的本义推广、扩大而产生的词义，而比喻义则是通过用本义的某些形象特征进行打比方而形成的意义。比喻义具有较强的表现力。尽管多义词有多项意义，但这些意义只在相对静止的条件下并存，例如在词典中；在实际语言运用中，由于具体明确的上下文，每一次使用时词义都是单一的，即只有一个意义。

因此，词在静态条件下的多义性并不影响人们在语言运用和理解时的应用。

2. 同义词与反义词

（1）同义词。有些不同的词，彼此在语义上有意义相同或意义基本相同的语义联系，有这种联系的一组词，彼此就互为同义词。同义词在表义上虽有一定的共同点，但他们毕竟不是同一个词，在表意大致相同的情况下，又存在着各个角度上的细微差别。这就需要在运用中细心分辨，准确选择。

构成语素来看，同义词可以分为三类：构成语素完全相同，只是顺序不同；构成语素部分相同；构成的语素完全不同。同义词的作用是准确细腻地传达情感和意思。在语言中，由于存在大量表意基本相同、又有各种细微差别的同义词，使人们的表达手段变得十分丰富多彩。选择合适的同义词不仅可以使表达更加精准、传达情感更加细致，还能够避免语言表达的重复，使语言更加富于变化。

（2）反义词。反义词是指那些在表意性质上意思相对或相反的词。反义词一般是同词性的。汉语中反义词以形容词为多，其次是动词和名词。在语言运用中，并不是每个词都有反义词，如表示事物的一些词，"桌子、椅子、麦子"等就没有反义词；另外，也不是所有的对立意义都用反义词形式表达，例如，"好"的反义词是"坏"，如果说成"不好"，就只是否定表达形式，"不好"只是"好"的否定，不是它的反义词。

根据意义上的联系，反义词分为绝对反义词和相对反义词两种。绝对反义词也叫矛盾反义词，它在性质上完全互相排斥，没有中间状态，否定了甲，就肯定了乙；肯定了甲，就否定了乙。相对反义词也叫对立反义词。这类反义词之间有中间状态，否定了甲，不一定就能肯定乙。

多义词各个义项的反义关系比较复杂，不像单义词的反义词总是一对一的。由于多义词的各个义项在意义侧重点上存在差异，因此它们可能有不同的反义词。反义词之间具有鲜明的对立联想作用。在语言运用中，反义词相互映衬，有助于揭示事物的矛盾，深入展现事物的特点，给人留下深刻印象。此外，反义词还可以构成概括性强而又鲜明生动的词汇和成语。

（三）汉语词汇中的熟语

在汉语里，有一些为人们所经常使用的固定词组，他们已成为语言的建筑材料，即词汇的组成部分，可统称为熟语。熟语主要包括以下四方面。

1. **汉语词汇中的成语**

成语是人们长期相沿习用、具有书面语色彩、多呈四字格形式的一种固定词组。成语作为一种特殊语汇，具有多方面的特点，主要表现为在结构上具有定型性，表意上具有整体性。

成语结构的定型性，主要是指成语的内部结构比较稳定。在语言运用中，除了成语合乎规律的演变或修辞性的活用外，成语的内部成分一般不能随意变换，其构成成分的顺序也不能随意改动，因为成语是人们长期以来所相沿习用的，具有约定俗成性；另外它的来源有特定的背景，如果随意改变，就会失去成语所表示的特定含义，从而失去成语的身份。

四音节格式是成语的典型格式，有些成语原本少于四字，但被补足为四字。例如，"少见多怪"是由"少所见，多所怪"简化而来的；"车水马龙"是由"车如流水，马如游龙"简缩而成的。四字格成语通常可以分为两个二字格，其内部结构与复合法构词相似。虽然也有非四字格的成语，但数量相对较少。

成语在表意上的整体性，是指大部分成语的意义都不是字面意义的简单组合，而是统一地整体表意。如"凤毛麟角"的字面义是"凤凰的毛，麒麟的角"，实际含义是比喻"稀少而可贵的人才或事物"。"水落石出"的字面义是"水落下去，石头从水中显露出来"，实际意义是比喻"事情的真相显露了出来"。成语在表意上的类型包括：①形容义，即通过描写事物的情状来表情达意；②引申义，即在原义的基础上引而深之，扩而大之；③比喻义，借打比方的方式表意；④直言义，即意义与字面意义一致。

有效掌握成语就利用文化背景知识。汉语中大量的成语都具有特定的文化背景，如果系统地把握相关的背景知识，就能大批量地掌握一些成语。例如，一些成语来源于古代寓言故事，这些寓言故事大多记载在《列子》《战国策》《韩非子》《荀子》《左传》《史记》《汉书》等典籍之中，其中许多寓言都有成语的概括形式，掌握了这些寓言故事，自然也就掌握了这些成语。要利用成语间同义、近义、反义的联系，举一反三地掌握成语。

此外，可以借助成套的固定格式来掌握成语。在使用成语时，必须抓住其意义上的整体性和结构上的定型性这两个特点，以更好地理解成语的实际含义，避免望文生义。另外，需要注意不要写错字，也要确保读音正确。成语的读音相对较难，除了在一些多音字上选择正确的读音外，还存在一些古汉语中残留的特殊读音。

2. 汉语词汇中的谚语

谚语是反映自然、社会规律，表现人们的实践经验，流传在人们口头的一种固定语句。这些谚语，经过长期口口相传和众人的加工，不仅朗朗上口，简洁凝练，而且通俗易懂，意味隽永，给人以极大的启迪。谚语跟成语一样寓意深刻，但谚语是口头语，可独立成句。成语则是书面语，多为四字格。成语形式要求固定，谚语形式可有变化，比较活泼生动。如同一个谚语，可以有几种表达形式。

谚语在内容、形式、风格、表现手法上具有一系列特点，如经验性、思想性、艺术性等。经验性即谚语是人们生产或生活经验的概括，它必然要反映人们的政治和经济生活、自然社会环境、特定的典章制度、心理定式及文学艺术等文化内容，从而表现特定民族、特定社会的价值观念、心理取向以及各种经验。此外，还有很多谚语与山水名胜、风味特点传统节令、地方掌故等都有密切联系。思想性是指很多谚语包含着朴素的真理，闪烁着智慧的光芒，这些谚语具有极强的哲理性，言近旨远，语浅意深，发人深思，耐人寻味，给人以极大启迪。

3. 汉语词汇中的惯用语

惯用语是一种在表意上具有整体性、结构上具有定型性的习用词组，其形式通常为三音节。惯用语的意义并非简单地由构词意义相加而来，更多是通过引申、比喻等手段产生的新义。虽然惯用语的形式相对固定，但在灵活性和多变性方面也有一定的特点。在不同的语境下，惯用语的内部成分可以根据表达的需要做相应的灵活变动，有时可以使用三音节，有时可以使用多音节，还可以根据情境选择其中的特定成分。

惯用语的感情色彩，常见的多为贬义，也有一部分中性的。中性的惯用语，主要是客观地说明事物或动作。但大部分惯用语具有贬义，或是所指的事物缺乏积极意义。这就要求人们使用时要分清对象和场合。而且惯用语贬抑的程度有轻有重。惯用语生动形象，通俗易懂，表现力十分强烈，能给人以身临其境的感受，且语言形式通俗易懂，为广大群众所喜闻乐见。

4. 汉语词汇中的歇后语

歇后语是由具体事物和说明解释语两部分组成的，前一部分是具体事件，后一部分对具体含义进行解释、说明，是歇后语的本义所在。有时，只说前一部分，后一部分"歇"住不说，所以叫"歇后语"。歇后语的类型包括：①喻意型，即前一部分用一个具体事物打比方，后一部分从字面或字外对前一部分进行解释、说明；②谐音双关型，即后一部分利用同音、近音的条件，构成表面和字外两层意思，并以字外意思为主。

巧妙运用歇后语，可以使表达显得幽默风趣。歇后语的风格基调通常是幽默的，很多歇后语都以轻松、俏皮为特点，具有较强的喜剧效果。通过歇后语，表达的内容不仅能够显得生动而形象，而且所表达的意义充满浓厚的生活气息。歇后语的表达方式通俗易懂，简单明了，具有鲜明的形象感，相比一般的表达更富有力度。

（四）汉语词汇中词语的运用

语言实践对词语的运用提出了很高的要求，或准确妥帖，或鲜明生动，或简洁精练，或多方照应。为了达到这些要求，必须注意以下五方面。

第一，注意辨析词义，尤其是要辨析同义词之间的各种意义上的细微差别。辨析可以从识别不同义项、衡量语意轻重、掌握范围大小、分清使用对象和区分词语色彩等方面进行。

第二，注意语体色彩有些同义词，语体色彩不同，有的具有口语色彩，有的具有书面语色彩，有的介于口语、书面语之间。口语色彩的词多用于日常口语，比较通俗、平易，具有浓郁的生活气息。书面语色彩的词，一般经过一定的加工，显得文雅、庄重。

第三，注意色彩变化。有些词语完全没有感情色彩，但在特定语言环境中可以临时产生感情色彩。

第四，注意音调和谐。音节搭配恰当，可使音步匀称、平稳，具有节奏感，给人以整齐和谐的美感。一般而言，单音节与单音节、双音节与双音节、多音节与多音节互相搭配，使音节互相对应，从而读起来更具有节奏感。对于意思相近的词语，有单音节、双音节、多音节形式，使用时应根据上下文进行选择。尽量多采用双音节和四音节的词语,因为汉语的词汇趋向双音节和四音节化,这种音节结构更加整齐,有更强的节奏感。

在汉语的词汇中,成语绝大部分是四个音节的,有些词语也向双音节和四音节发展,平仄是声调地再分类,古典韵文对平仄的要求十分考究,现代散文对平仄的要求自然宽松多了,但也应注意一句中平仄相间、对应句中平仄相对的搭配,这样,才会使语音抑扬顿挫,优美和谐,铿锵响亮。古代诗词在押韵方面要求十分严格,现代诗歌押韵虽较自由,但也非常讲究。除诗歌等韵文外,非韵文一般不押韵,有时抒情散文为增加文采也刻意追求韵脚。

第五,注意词语规范。现代汉语词汇,从古汉语词汇、方言词汇、外来语词汇、行业语词汇中吸取了有表现力的词语,还随着社会的变化在不断产生新词。词汇是语言中变化最快的,既要看到词汇的发展,又要对词汇加以规范。下面以古汉语词汇、方言词汇、外来语词汇、行业语词汇为例进行分析,具体见表2-1。

表2-1　词语规范

词语类型	主要内容
古汉语词汇	古汉语词汇是现代汉语词汇系统中的那些从古、近代汉语中吸收的有生命力、有表现力的书面语词汇,这些词语比较生僻,使用时一定要弄清意义。文言词语具有典雅含蓄的特点,可用在一些正式场合的书面语中,使表达庄重凝练;也可用在一些杂文中,传达出一种幽默讽刺的意味。但是运用古语词也要注意场合和风格,有必要才用;要避免文白夹杂的毛病,否则就不协调不自然不规范
方言词汇	在表达中,巧妙妥帖地使用一些方言词可以使语言更加生动形象,充满浓郁的生活气息。然而,在运用方言词时需要注意其通行的范围,只有在经过广泛的语言运用并得到认可的情况下,才能真正成为普通话的一部分。如果方言词的使用范围太狭小,就不符合规范化的要求。例如,有些方言词在地方性报刊中使用得当,但如果用于全国性报刊则可能显得不太合适

续表

词语类型	主要内容
外来语词汇	外来词也叫借词，是某一民族语言从外国或其他民族语言中吸收的词。外民族词汇进入汉语，只要在其语音、词义、词的结构等方面符合汉语系统的规律，即汉民族化，并且汉语确实需要，又有较大的使用范围，就可在汉语词汇系统中扎根，成为汉语词汇系统的有机组成部分。同时，也只有这样才符合规范。如"葡萄""玻璃"等词完全汉族化了，已看不出它们是外来词了。像"沙发、咖啡、拷贝、可口可乐"等词，虽有明显的外来词特点，但汉语确实需要，故它们也是规范的。此外，有些外来词，由于是从不同地区或在不同时期音译过来的，同一个意思有几种书写形式，如巧克力/朱古力等，这些词要根据词典规范其书写形式
行业语词汇	行业语词汇是某一行业或专业内运用的词汇，行业语的范围相当广泛，各个行业的词汇都具有特定的专业性，行外的人不能或不完全能理解。但有的行业语，在与社会广泛发生关系的过程中逐渐扩大了使用范围，最后超越本行业范围，成为规范的普通话词汇。运用行业语，也要注意其通行范围，专业性过强、缺乏普遍性的行业语词不宜在专业场合使用。行外人难以把握其特定的意义，如果随意使用，会造成理解上的障碍，影响表达效果。 行业语取得规范的普通话词汇资格，首先是要能满足全民的交际需要，而普通话中又没有相应的词代替，如生态、磁疗、水平、反射、利率、市场、销路、规格、订货等。另外是由单义的专业词变为多义词，如温床、透视、感染、萌芽、腐蚀、提炼、废品、龙套、背景等。其中的"温床"是农艺行业词，指培育植物生长发育的地方，后来派生出转义，泛指培育事物发生、发展的地方，因为有了转义，所以成为普通话词汇

三、汉语言文学教学——句式

从语言表达的角度看，词和词组只是备用单位，句子才是使用单位。人们交流思想传达信息，不仅要尽量表达得准确无误、清楚明白，还要生动形象、妥帖鲜明，尽可能给人以深刻印象。所以一方面要运用好句子，提高语言表达能力；另一方面要配合好非语言因素，组织好句子和挑选好句式。这就必须讲究句法和修辞。

(一) 常用句式

1. 长句和短句

长句与短句是就句子的形体而言的。长句是指成分多、结构比较复杂的句子，单句中任何一个或几个成分较长，复句中任何一个或几个分句较长都会形成长句。短句是指词数少、结构比较简单的句子。长句与短句各有特点和独特的作用，表达时最好避免全部使用长句或全部使用短句，而应该根据表达需要，巧妙地错综使用长、短句。初学者写文章，一般宜多用短句。导游词中也以短句为宜。这样，有时就需要将一个长句拆开，化成几个短句表达。

2. 整句和散句

整句与散句就一组句子而言的，单个句子是无所谓整散的。整句是若干个结构相同或相似、形式匀称整齐的一组句子排列在一起表述一个中心意思；散句则是用若干结构间杂、字数不拘、形式错落的一组句子表情达意。一般所熟悉的排比、对偶、反复、回文等修辞技巧都是以整句形式出现的。整句结构严谨，层次清楚，表意细腻，具有庄重典雅的风格色彩，多用来叙事、议论、抒情，语意畅达，感情奔放，常用于书面语。

3. 肯定句和否定句

肯定句与否定句这组同义句式的区别不在结构形式上，主要在语气方面。一般讲，表达相同的意思时肯定句语气比较果断、直截了当，否定句的语气则比较委婉、缓和一些。例如，"难看"与"不好看"、"反对"与"不同意"、"难"与"不容易"、"有错误"与"不是没有错误"、"应该尊重"与"不应该不尊重"等，这些表达，前者肯定，语气明确，后者以否定形式表达与前者基本相同的意思，但语气比较缓和。双重否定表达肯定意思，语气一般比相对应的肯定句重一些。但用"不……不""不……无"等格式构成的双重否定句，语气却比一般肯定句要委婉些。

4. 常式句和变式句

汉语的单句最基本的成分包括主语、谓语、宾语、补语、定语、状语等。通常情况下，主语在前，谓语在后；定语位于主语和宾语的前面，状语在谓语的前面。按照常见的句序组织的句子被称为常式句，而对常用的句序进行变更和调整就形成了变式句。与常式句相比，变式句虽然在结构上发生了改变，但意思基本相同，只是在语气和语意侧重方面带有一些修辞的附加意义。变式句能够给人一种新奇的心理感受，容易引人注意，有助于强调语意，同时表达出特定的情感和感情色彩。

5. 主动句和被动句

主动句是主语发出动作；被动句是主语承受动作行为。相同的意思，可以用主动句表达，也可以用被动句表达。汉语被动句的使用，一定程度上受到语言习惯的制约。这表现在两方面：①汉语被动句带有一定的语言文化色彩，特别是通常用带有"被"字的被动句表示表达者所不希望发生的消极结果，但也有例外；②大量具有被动意义的句子，并不使用有"被（让、给、叫）"字的被动结构表达。主动句与被动句的选择使用，要根据表达需要。被动句的作用主要有：强调、突出动作或行为的承受者（受动者）；使语意连贯通畅，保持叙述角度一致；等等。

6. 直陈句和反问句

直陈句与反问句也是一组同义句式。直陈句采用直接陈述的方式表达肯定或否定的观点，而反问句则通过反问的形式表达相同的肯定或否定意义。纯粹的反问句（不含否定词）表达否定意义，常见格式有"难道……吧""怎么……呢""何必……呢""还……呢"等。在表示否定意义的反问句中，再加入一个否定词等于双重否定，这样的反问句则表达肯定意义。反问句的主要功能是加强语气，强调感情色彩。运用反问句进行质问、嘲讽等情态表达比一般直陈句的肯定或否定形式更具表现力，而在抒情表达方面，反问句也能取得出色的效果。

（二）句子组织和句式选择

1. 句子组织

要正确地组织句子，必须注意各种句子成分的完整，要关注句子成分之间的搭配，常见的语病就出在这两方面。如有的句子主语残缺、有的句子谓语残缺、有的句子宾语残缺。有些动词谓语要求带名词性宾语，但如果宾语前定语太长，把宾语中心词丢失而造成宾语残缺。

除成分残缺外，常见语病还有搭配不当等。如有的主谓搭配不当。联合词组充当主语和谓语时，主语和谓语的搭配更应全面考虑，以免顾此失彼，造成主谓搭配不当。要注意宾语与谓语及主语的搭配。宾语是谓语动词关涉的对象，两者必须互相搭配得当，否则，就会出现语病。

2. 句式选择

在运用语言时要挑选好恰当的句式，如果句式运用不当，会使表达效果减弱。挑选句式的问题，实际上是组句成段的问题，要注意的是句子与句子之间的配合。下面是一些句式选择中出现的问题。

（1）句式搭配不当。在语言运用中，为了使语义更加贯通，语气更加顺畅，有时采用一组结构较为整齐一致或语气一致的句式来表达。然而，如果不考虑语境的要求，随意使用不一致的句式，就会导致句式的搭配不当。

（2）句序不当。在表达中，句子之间的先后顺序应该按照一般的逻辑事理顺序进行排列，如果缺乏这种意识，表达时不清楚，必然句序混乱，从而影响表意的完整贯通。

（3）句意不顺。在语言运用中，如果要将一个中心意思完整、清楚地表达出来，几个句子必须顺着一个共同的思路展开。如果突然偏离中心意思、搞混句子的意义或随意改变叙述角度，都会使表意受阻，影响语义的贯通。

第二节 汉语言文学教学——诗词与对联

一、汉语言文学教学——诗词

（一）诗词的格律

1. 诗词格律中的术语

（1）乐府。乐府本指古代音乐官署。"乐府"一名，始于西汉，惠帝时已有

"乐府令"。至武帝始建立乐府，掌管朝会宴飨、道路游行时所用的音乐，兼采民间诗歌和乐曲。乐府作为一种诗体，初指乐府官署所采集、创作的乐歌，后用以称魏晋至唐代可以入乐的诗歌和后人仿效乐府古题的作品。宋元以后的词、散曲和剧曲，因配合音乐，有时也称乐府。

（2）歌行。歌行为古代诗歌的一种形式，汉魏以下的乐府诗，标题中常见"歌"和"行"的命名，尽管两者名称不同，实际上并无严格的区别。后来逐渐演变为"歌行"一体。这类诗歌在音节和格律上通常较为自由，形式采用五言、七言以及杂言的古体，呈现出丰富的变化。这里的"行"指的是乐曲。

（3）赋得。凡摘取古人成句为题之诗，题首多冠以"赋得"。南朝梁元帝即已有《赋得兰泽多芳草》一诗。科举时代之试帖诗，因诗题多取成句，所以题前均冠以"赋得"二字。同样也应用于应制之作及诗人集会分题。后遂将"赋得"实用为一种诗体，即景赋诗者亦往往以"赋得"为题。

（3）联句。联句为旧时作诗方式之一。两人或多人共作一诗，相联成篇。传始于汉武帝时《柏梁台诗》。初无定式，有一人一句一韵、两句一韵乃至两句以上者，依次而下。后来习用一人出上句，续者须对成一联，再出上句，轮流相继。旧时多用于上层饮宴及朋友间酬应，绝少佳作。

（4）集句。校对正确，无须修改：集句是旧时的一种作诗方式，通过截取前人一代、一家或数家的诗句，拼集而成一首新诗。现存最早的集句作品之一是西晋傅咸的《七经诗》。

（5）古体诗。古体诗也称"古诗""古风"。诗体名，和近体诗相对，产生较早。每篇句数不拘。有四言、五言、六言、七言、杂言诸体。后世使用五、七言者较多。不求对仗，平仄和用韵也较自由。

（6）四言诗。四言诗为诗体名，全篇每句四字或以四句为主。是我国古代诗歌中最早形成的诗体。春秋以前的诗歌，如《诗经》，大都为四言。汉代以后，格调稍变。自南朝宋齐以后，作者渐少。

（7）五言诗。五言诗是一种诗体，由五字句所构成的诗篇，起源于汉代。在魏晋以后，经历了六朝隋唐的发展，成为古典诗歌的主要形式之一，包括五言古诗、五言律诗以及五言绝句。

（8）六言诗。六言诗为诗体名，全篇每句六字。相传始于西汉谷永，一说东方朔已有"六言",今所见以汉末孔融的六言诗为最早。有古体近体之分。但均不甚流行。

（9）七言诗。七言诗为诗体名,全篇每句七字或以七字为主,当起于汉代民间歌谣。

（10）杂言诗。杂言诗是一种诗体,最初源于乐府,属于古体诗的一种。它以句子字数长短杂乱为特征,没有固定的标准,最短的诗句仅包含一个字,而长句则可达到九、十字以上,其中以三、四、五、七字相间的形式最为常见。

（11）近体诗。近体诗也称"今体诗",诗体名。唐代形成的律诗和绝句的通称,与古体诗相对而言。句数、字数和平仄、用韵等都有严格规定。

（12）律诗。律诗是一种近体诗,起源于南北朝,成熟于唐初。其格律非常严密,一般为八句,押韵方式有四韵或五韵。在每个律诗的中间两联,必须进行对仗。押韵的规律是第二、四、六、八句押韵,首句可押可不押,通常押平声。律诗分为五言律和七言律两体,简称为五律和七律。如果一首律诗包含10句以上,就称为排律。在律诗中,两句相配称为一联,而五律和七律的各联分别有特定的称谓,如首联、颔联、颈联和尾联。每联中,上句称为"出句",下句称为"对句"。

（13）格律诗。格律诗为诗歌的一种,形式有一定规格,音韵有一定规律,倘有变化,需按一定规则。中国古典格律诗中常见的形式有五言、七言的绝句和律诗。词、曲每调的字数、句式、押韵都有一定的规格,也可称为格律诗。

（14）排律。排律为诗体名,律诗的一种。就律诗定格加以铺排延长,因此得名。每首至少十句,有多至百韵者。除首、末两联外,上下句都需对仗。也有隔句相对的,称为"扇对"。

（15）绝句。绝句即"绝诗",也称"截句""断句",诗体名。截、断、绝均有短截义,因定格仅为四句而得名。以五言、七言为主,简称五绝、七绝。也有六言绝句。唐代通行者为近体,平仄和押韵都有一定的要求。虽然有绝诗是截取律诗的一半而成的说法,但在唐代律诗形成以前,已有绝句,虽也押韵而平仄较自由,如《玉台新咏》中即有《古绝句》,后人即用"古绝句"以别于近体绝句。

（16）试帖诗。试帖诗为诗体名,也称"赋得体"。起源唐代,由"帖经"

"试帖"影响而产生,为科举考试所采用。大都为五言六韵或八韵,以古人诗句或成语为题,冠以"赋得"二字,并限韵脚,内容必须切题。清代限制尤严。

(17)诗韵。诗韵指作诗所押的韵或所依据的韵书。隋时陆法言著《切韵》,共分193韵部,分部很细致,不便押韵。唐初规定相近的韵可以同用。南宋时,平水人刘渊编《壬子新刊礼部韵略》,把同用的韵合并为107韵,后人又减为106韵,并称为韵,这便是沿用至今的诗韵。唐代实际所用的韵部,和平水韵部所编大致相同。

(18)押韵。押韵在作诗时也被称为"压韵",是指在句末或联末使用韵。在古代,押韵通常要求韵部相同或相通,有时也存在一些例外的变格。诗歌中的押韵既有助于吟诵或记忆,又赋予作品节奏和声调之美。

(19)近体诗押韵。近体诗押韵要求严格,无论绝句、律诗、排律,都必须用平声韵,且一韵到底,不许邻韵通押。

(20)古体诗押韵。古体诗押韵较宽。可转韵,或邻韵通押;可押平声韵,也可押仄声韵。仄声韵中,要区别上、去、入声,不同声调一般不相押,只有上声韵和去声韵偶然可以相押。

(21)平仄。平仄为声律专名,古代汉语声调分平、上、去、入四声。平指四声中的平声,包括阴平、阳平二声;仄指四声中的仄声,包括上、去、入三声。旧诗赋及骈文中所用的字音,平声与仄声相互调节,使声调谐协,谓之平仄。

(22)"一三五不论"。"一三五不论,二四六分明"是格律诗平仄格式的通俗口诀,"一三五不论"是"一三五不论,二四六分明"的略称。该口诀指的是七言诗句中第一、三、五字的平仄可以不拘,而第二、四、六字必须按照格式,平仄相间,不能变动。同理,对于五言诗句,该口诀规定了一、三字不论,二、四字分明的原则。这个口诀简洁明快,但并非全面准确,对于某些句型可能不适用。

(23)对与粘。对与粘为诗律术语。对,取相对之义,指同一联内对句与出句平仄必须相反相对,即仄对平、平对仄。粘,取粘连、黏附之义,指后联出联对句必须相同相粘,即平粘平,仄粘仄。对、粘的标志主要看五言第二、四字,七言第二、四、六字平仄是否有误,最关键位置的五言第二、七言第二、四字务必分明。

（24）失粘。失粘作旧体诗术语。写作律诗、绝诗时平仄失误，声韵不相粘之谓。即应用平声而误用仄声，或应用仄声而误用平声。又据宋陈鹄《耆旧续闻》，表启之类的骈俪文字，若平仄失调，在当时也叫失粘。

（25）五绝。五言绝句的简称，指五言律绝。四句二韵或三韵。平仄定格凡四式，见近体诗格律。

（26）五律。五律为五言律诗的简称，八句四韵或五韵。

（27）七绝。七绝为七言绝句的简称，指七言律绝。四句二韵或三韵。平仄定格凡四式。

（28）七律。七律为七言律诗的简称，八句四韵或五韵。

（29）三平调。三平调为诗律术语，指诗句末选用3个平声。为近体诗的大忌，又是古体诗的典型特征之一。

（30）孤平。孤平为诗律术语，指五言"平平仄仄平"句型第一字用了仄声，七言"仄仄平平仄仄平"句型第三字用了仄声，全句除了韵脚外只剩下一个平声。

（31）拗体。律、绝诗每句平仄都有规定，误用者谓之"失粘"。不依常格而加以变换者为"拗体"。前人所谓"拗"，除有时变换第二、四、六字外，着重在五言的第三字和七言的第五字。两联都拗的称"拗句格"，通首全拗的称为"拗律"。诗人中有故意为之者。

（32）拗救。拗救为诗律术语，在格律诗中，凡不合平仄格式的字称"拗"。凡"拗"须用"救"，有拗有救，才不为病。如上句该平的用仄，下句则该仄的用平。平拗仄救，仄拗平救，以调节音调，使其和谐，称为"拗救"。拗救大致可分为以下两类。

第一，本句自救，即孤平拗救。在格律诗中，五言"平平仄仄平"句型因第一字用了仄声，七言"仄仄平平仄仄平"句型因第三字用了仄声而"犯孤平"时，则在五言第三字、七言第五字用个平声字作为补偿。

第二，对句相救：①大拗必救。五言"仄仄平平仄"句型第四字拗，七言"平平仄仄平平仄"句型第六字拗时，必须在对句五言第三字、七言第五字用一个平声字作为补偿。②小拗可救可不救。五言"仄仄平平仄"句型第三字拗，七言"平平仄仄平平仄"句型第五字拗时,可在对句五言第三字、七言第五字用一个平声字作为补偿,也可以不救。本句自救和对句相救往往同时并用。

(33) 古绝。古绝是对不讲平仄的古体绝句的通称,相对今体的绝句"律绝"而言。古绝多用拗句,可押平韵也可押仄韵。有些绝句用的是仄韵,但全诗用律句,或用律诗容许的变格和拗救。

(34) 入律古风。入律古风是对使用近体诗平仄格式的古体诗的通称。特点为:①全用律句或基本上用律句;②换韵,且多为平仄韵交替;③通常是七言四句一换韵,换韵后第一句入韵,全诗似多首"七绝"的组合。

(35) 八病。八病是古代关于诗歌声律的术语,由南朝梁沈约提出,谓作诗应当避免的8项弊病,即平头、上尾、蜂腰、鹤膝、大韵、小韵、旁纽、正纽。根据《文镜秘府论》的描述:①平头指五言诗第1字、第2字不得与第6字、第7字同声(同平、上、去、入);②上尾指第5字不得与第10字同声(连韵者可不论);③蜂腰指五言诗第2字不得与第5字同声,言两头粗,中央细,有似蜂腰;④鹤膝指第5字不得与第15字同声,言两头细,中央粗,有似鹤膝;⑤大韵指五言诗如以"新"为韵,上9字中不得更安"人、津、邻、身、陈"等字(即与韵相犯);⑥小韵指除韵以外而有迭相犯者(即9字之间互犯);⑦旁纽又名大纽,即5字句有"月"字,不得更安"鱼、元、阮、愿"等与"月"字同声组之字;⑧正纽又名小纽,即以"壬、衽、任、入"为一组,五言一句中已有"壬"字,不得更安"衽、任、入"字,致犯四声相纽之病。

(36) 对仗。对仗为诗律术语,指诗歌中词句的对偶。可以两句相对,也可以句中相对。对仗一般用同类句型和词性。作为格律要求,律诗中间两联须对仗,首尾两联不用对仗。但也有变例,或颈联不对仗,或尾联用对仗;首联对仗的较少见。绝句不用对仗,但时有作偶句者。

(37) 工对。工对为诗律术语,对仗须用同类词性,如名词对名词、代词对代词、形容词对形容词、副词对副词、虚词对虚词。旧时把名词又分为天文、时令、地理、器物、衣饰、饮食、文具、文学、草木、鸟兽虫鱼、形体、人事、人伦等门类。严格的对仗,词性、词类都要相对,称之工对。如"月下飞天镜,云生结海楼"。

(38) 借对。借对为诗律术语,一个词有两个以上的意义,诗人在诗中用的是甲义，同时又借用乙义或丙义构成工对，便称借对。如"岐王宅里寻常见，崔九堂前几度闻"。除了借义，还有一种借对是借音，如"沧海月明珠有泪，蓝田日暖玉生烟"。

（39）宽对。宽对为诗律术语，与工对相对而言。宽对只要词性相同，便可相对。如"饮马雨惊水，穿花露滴衣"。

（40）流水对。流水对为诗律术语，流水对指一联中相对的两句关系不是对立的，且单句意思不完整，合起来才构成一个意思，似水顺流而下，如"野火烧不尽，春风吹又生"。

（41）合掌。合掌为诗病的一种，指对仗中意义相同的现象。一联中对仗出句和对句完全同义或基本同义，称为合掌。

2. 诗词格律中的韵

韵是诗词格律的基本要素之一。诗人在诗词中用韵，叫作押韵。从《诗经》到后代的诗词，多数都是押韵的。民歌也是押韵的，例如在北方的戏曲中，韵又叫辙，押韵叫合辙、凡是同韵母的字都可以用来押韵。押韵，就是把同韵母的两个或更多的字放在同一位置上，一般总是把韵放在句尾，又叫"韵脚"。

在拼音中，a、e、o 的前面可能还有 i，u，ü，如 ia、ua、uai、iao、iao、ian、uan、üan、uang、iang、ie、iong、üe、ueng 等，这种 i，u，ü 叫作韵头，不同韵头的字也算是同韵字，也可以押韵。

押韵是为了声韵的谐和。同类的乐音在同一位置上的重复，这就构成了声音的回环美。但人们常在读古诗时觉得它们不是很押韵，这是因为语言的发展，语音起了变化，而人们是用现在的语音去读它们的，自然不是完全适合了。如杜牧的《山行》：远上寒山石径斜（xié），白云生处有人家（jiā）。停车坐爱枫林晚，霜叶红于二月花（huā）。xié 和 jiā、huā 不是同韵字，但是，唐代的"斜"字读 xiá，和现代上海"斜"字的读音一样。因此，在当时是和谐的。

古人押韵是依照韵书的规定进行的。古人所称的"官韵"即指朝廷颁布的韵书。这种韵书与唐代的口语基本保持一致。然而，随着时间的推移，语音发生了较大变化，尤其是从宋代以后。因此，如果诗人仍然按照韵书的规定来押韵，就可能显得不够合理。在撰写古体诗时，人们通常不需要严格按照韵书的规范来押韵。然而，当人们阅读古代诗歌时，了解古人的诗韵仍然是有益的。

3. 诗词格律中的平仄

平仄是诗词格律的一个术语。平就是平声，仄是指上、去、入三声。平声没有升降，音较长。仄声有升降（入声也可能是微升或微降的），音较短。如果让这两类声调在诗词中交错，就使声调多样化而不至于单调。平仄在诗词中的表现是：平仄在本句中是交替的，在对句中是对立的。这种平仄规则在律诗中表现得特别明显。例如《长征》诗中的第五、六句：金沙水拍云崖暖，大渡桥横铁索寒。其平仄是：平平仄仄平平仄，仄仄平平仄仄平。就本句而言，每两个字一个节奏。平起仄收，仄起平收，平仄交替。就对句而言，"金沙"对"大渡"，是平平对仄仄，"水拍"对"桥横"，是仄仄对平平，"云崖"对"铁索"，是平平对仄仄，"暖"对"寒"，是仄对平。这就是对立。

辨别四声是辨别平仄的基础，而入声问题又是辨别平仄的唯一障碍，这障碍要通过查字典或韵书才能消除。一般凡韵尾是-n或-ng的字，不会是入声字。

4. 诗词格律中的四声

四声，指的是古汉语的四种声调。语音的高低、升降、长短构成了汉语的声调，而高低、升降则是主要的因素。普通话的声调有四个：阴平，是一个高平调（不升不降叫平）；阳平，是一个中升调（不高不低叫中）；上声，是一个降升调（有时是低平调）；去声，是一个高降调。古代汉语也有四个声调，但和普通话的声调种类不完全一样。古代四声是：平声，到后代分化为阴平和阳平。上声，到后代有一部分变为去声。去声，到后代仍是去声。入声，是一个短促的调子，现代江浙、福建、广东、广西、江西等地还保存着入声。北方（如山西、内蒙古）也保存了入声。湖南的入声不是短促的，但也保存着入声这个调类。北方的大部分和西南的大部分口语里，入声已经消失了。普通话中入声字变为去声的最多，其次是阳平；变为上声的最少。西南方言（从湖北到云南）入声字一律变成了阳平。

古代四声高低升降的形状，依照传统的说法，平声应该是一个中平调，上声应该是一个升调，去声是一个降调，入声是一个短调。四声和韵的关系是很密切的。在韵书中，不同声调的字不能算是同韵。在诗词中，不同声调的字一般不能押韵。

5. 诗词格律中的对仗

诗词中的对偶，叫作对仗。古代的仪仗队是两两相对的，这是"对仗"来历。对仗是指把同类的概念或对立的概念并列起来，对仗可以句中自对，又可以两句相对。一般对仗是指两句相对。上句叫出句，下句叫对句。

对仗的一般规则是：名词对名词，动词对动词，形容词对形容词，副词对副词。对仗是一种修辞手段，其作用在于形成整齐的韵律美。汉语的特点使其特别适合采用对仗，因为汉语中单音词较为丰富，即使是复音词，其中的词素也具有相当的独立性，这使得对仗更容易形成。

对偶是修辞手段，所以散文与诗都有用到。例如《易经》中提到："同声相应，同气相求。"（《易·乾文言》）《诗经》中提到："昔我往矣，杨柳依依；今我来思，雨雪霏霏。"（《小雅·采薇》）这些对仗都是适应修辞的需要的。但是，律诗中的对仗还有它的规则，而不是像《诗经》那样随便。其规则是：出句和对句的平仄是相对立的；出句的字和对句的字不能重复，至少是同一位置上不能重复。例如"昔我往矣，杨柳依依；今我来思，雨雪霏霏"，出句第二字和对句第二字都是"我"字，即同一位置上的重复因此，像上面所举《易经》和《诗经》的例子还不合于律诗对仗的标准。

（二）诗词的种类

1. 诗的种类

（1）古体诗。古体诗是依照古代的诗体来写的。在唐朝人看来，从《诗经》到南北朝的庾信，都算是古。因此，所谓依照古代的诗体，也就没有一定的标准。但是，诗人们所写的古体诗，有一点是一致的，即不受近体诗的格律的束缚。所以，凡不受近体格律的束缚的，都是古体诗。

（2）近体诗。乐府起源于汉代，最初用于配合音乐演奏，因此被称为"乐府"或"乐府诗"，这类乐府诗也称为"曲""辞""歌""行"。到了唐代以后，文人模仿这种诗体创作了古体诗，仍然称之为"乐府"，但已不再与音乐搭配。随着隋唐时代逐渐形成的新音乐，后来出现了与新音乐搭配的歌词，被称为"词"。词大致产生于盛唐时期。在乐府式样逐渐衰落，而词产生之前的过渡时期，配合新乐曲的歌辞采用了近体诗的形式，例如王维的《渭城曲》、李白的《清平调》等。

近体诗以律诗为代表。律诗的押韵、平仄、对仗，都有许多讲究。由于格律很严。所以称为律诗。律诗有四个特点：①每首限定 8 句，五律共 40 字，七律共 56 字；②押平声韵；③每句的平仄都有规定；④每篇必须有对仗，对仗的位置也有规定。

有一种超过 8 句的律诗，称为长律。长律自然也是近体诗。长律一般是五言的，往往在题目上标明韵数，如杜甫《风疾舟中伏枕书怀三十六韵》，就是 360 字；白居易《代书诗一百韵寄微之》，就是 1000 字。这种长律除了尾联（或除了首尾两联）以外，一律用对仗，所以又叫排律。

绝句相较于律诗，字数减半。五言绝句只有 20 字，七言绝句只有 28 字。绝句实际上可分为两类：古绝和律绝。古绝可以使用仄韵，即使押平声韵也不受近体诗平仄规则的限制，可归类为古体诗。而律绝不仅押平声韵，还要遵循近体诗的平仄规则，形式上相当于半首律诗，可归类为近体诗。

总体而言，一般所谓古风属于古体诗，而律诗（包括长律）则属于近体诗。乐府和绝句，有些属于古体，有些属于近体。

（3）五言和七言。五言就是 5 个字一句，七言就是 7 个字一句。五言古诗简称五古，七言古诗简称七古；五言律诗简称五律，七言律诗简称七律；五言绝句简称五绝，七言绝句简称七绝。

2. 词的种类

词最初被称为"曲词"或"曲子词"，是为了配合音乐而创作的。在与音乐分离之前，词和乐府诗属于相同的文学体裁，二者都源自民间文学。随着时间的推移，词渐渐脱离了音乐的束缚，成为独立的文学形式，因此有人将词称为"诗余"。文人的词受到律诗的影响深厚，因此词中常见律句。词的结构为长短句组成，全篇字数固定，每句的平仄也有一定的规律。

在宋《草堂诗余》中第一次把词分为小令、中调、长调。清代则把 58 字以内的词称为小令，59~90 字之间的称为中调，90 字以上的为长调。但这种分类标准并非绝对。通常，把短调和小曲称为小令、令或者小调。例如，三字令、如梦令惜春令等。而将字数比较多的中调称为"引"或"近"。如千秋引、清江引、诉衷情近等。长调又被称为慢调，如扬州慢、声声慢等。词调中除少数小令不分段称为"单调"外，大部分词调分成两段，甚至三段、四段，分别称为"双调""三叠""四叠"。一首词的两段分别称上、下片或上、下阕。"片"即"遍"，指乐曲奏过一遍。"阕"原是乐终的意思。敦煌曲子词中，已经有了一些中调和长调。

（三）诗词的对仗

词的对仗，有固定的，有一般用对仗的，有自由的。对仗是古典诗词的重要艺术手段之一。近体诗的对仗，要求非常严格。例如，律诗颔（三、四句）、颈（五、六句）两联必须用对仗——联中两句名字的平仄要相反，词性和意义要大致相同，并且要尽量避免重复字。而词的对仗就不像近体诗那么严格，哪些地方用对仗也不是固定的。这是因为词调有上千种，各调的句式不同，就某一个词调而言，用对仗可以有所限定，而就整个词体而言，是没有一直要求的。当然，固定的对仗也有，如《西江月》前后阕头两句，但此类固定的对仗很少见。

一般用对仗的，例如，《沁园春》前阕第二三两句、第四五句和第六七句，第八九两句；后阕第三四句和第五六句，第七八两句。又如，《念奴娇》前后阕第五六两句和《浣溪沙》后阕头两句。《沁园春》前阕第四五六七两联，如"望长城内外，惟余莽莽；大河上下，顿失滔滔"。后阕第三四五六两联，如"惜秦皇汉武，略输文采；唐宗宋祖，稍逊风骚"，这是以两句对两句，跟一般对仗不同。像这样以两句对两句的对仗，称为扇面对。

凡是前后两句字数相同的地方，都有可能使用对仗。例如，《忆秦娥》的前后阕末两句，以及《水调歌头》前阕的第五六两句和后阕的第六七两句等。不过，这些地方是否采用对仗完全是自由的。

词的对仗，有两点和律诗不同：①词的对仗不一定要以平对仄，以仄对平。如"千里冰封，万里雪飘"；又如"望长城内外，惟余莽莽；大河上下，顿失滔滔"（城对河，是平对平；外对下，是仄对仄）。②词的对仗可以允许同字相对。如"千里冰封"对"万里雪飘"，"苍山如海"对"残阳如血"。除了这两点之外，词的对仗跟诗的对仗是一样的。词韵、词的平仄和对仗都是从律诗的基础上加以变化的。

二、汉语言文学教学——对联

对联历史悠久，流传广泛，雅俗共赏，是体制短小、文字精练的一种文学形式。在我国众多的名胜古迹之中，对联随处可见，这些对联都和与景点相关的历史传说、人情风物有密切的联系，与景点融为一体，往往成为景点的有机组成部分，也是景点的重要欣赏对象，给人知识，发人联想，助人游兴。

（一）对联的溯源

1. 对联孕育时期

先秦至唐是对联孕育的时期。在商、周、两汉以及此后的魏晋南北朝时期，诗文中的对偶句和辞赋中的骈俪句为后来对联的形成提供了原始的积累。使用汉语和书写汉字的人，由于汉语词义和汉字字形的特点，对"对偶"这一修辞手法情有独钟。早在3000年前，先民就已经开始使用对偶句子。例如："满招损；谦受益。"（《尚书·大禹谟》）"昔我往矣，杨柳依依；今我来思，雨雪霏霏。"（《诗经·小雅·采薇》）写下这样的对偶句，只是为了需要，觉得叙事明白，便于记忆，就用文字固定下来。"奏陶唐氏之舞；听葛天氏之歌。"（司马相如《上林赋》）"从俗浮沉；与时俯仰。"（司马迁《报任安书》）写成这样的对偶句，大于无意之间。至于"心懔懔以怀霜；志眇眇而临云"（陆机《文赋》）、"一寸二寸之鱼；三竿两竿之竹"（庾信《小园赋》）已从有意而为的对偶句，逐步过渡为刻意求工的骈俪句了。

唐五代以来，律句的形成和属对句独立倾向的发展为对联的兴起铺平了道路。盛唐之后，形成的格律诗和律赋以其严格、精密的属对结构而著称，各自成为文学的新品种。虽然属对句仍然是诗文的组成部分，但它们的独立性逐渐增强。例如，有史书记载：李义山谓（庭筠）曰："近得一联云：'远比召公，三十六年宰辅。'未得偶句。温曰：'何不云"近同郭令，二十四考中书。"'"（《全唐诗话》卷四"温庭筠"）药名有"白头翁"，温以"苍耳子"为对。尝有人举令云："马援以马革裹尸，死而后已。"答者云："李耳指李树为姓，生而知之。"（李调元《雨村诗话》卷十五载唐人酒令）此类已近于脱离诗文的对偶句，或本来就是独立的对偶句，只要把它们写成上下两联，对联就问世了。到这里，对联形成的文字条件业已完全成熟。

2. 对联出现时期

五代为对联的出现时期。对联出现的时间,当不早于晚唐、不晚于五代。晚唐的对偶句已开始从诗赋篇章中逐渐剥离,走向独立。但真正成为对联且挂在门边,还要略晚一些,即五代十国。最早出现对联的地方是后蜀,保留下来的最早的对联是后蜀君主孟昶写的"新年纳馀庆,嘉节号长春"。流传下来的最早题写园林景物的对联也出于后蜀。即后蜀兵部尚书王瑶为成都南郊御花园中的百花潭所题:"十字水中分岛屿,数重花外见楼台。"(曲滢生《宋代楹联辑要》)可见,后蜀是对联的发祥地。

3. 对联发展时期

校对:宋元时期是对联发展的时期。后蜀王朝提出的"题桃符"并没有因为王朝的灭亡而停滞。相反,在北宋之后,对联更广泛地传播到宫廷之外,引起了社会上下的兴趣。许多学者和文学家,如梅尧臣、晏殊、王安石、苏轼、黄庭坚、楼钥、杨万里、朱熹等,都参与其中,对联的应用范围迅速扩大。例如,楼钥自己题写的"门前莫约频来客;坐上同观未见书""爽气西来,云雾扫开天地憾;大江东去,波涛洗尽古今愁"(苏轼题黄鹤楼联)、"天边将满一轮月;世上还钟百岁人"(吴叔经贺黄耕叟夫人寿联)等。这只是当时众多门类对联中的春联、游览联、寿联等的例子,宋代对联的丰富多彩由此可见一斑。

至元代,对联的发展稍有滞缓,但仍有热心于此道的人留下了一些优秀作品。以赵孟頫为例,除歌颂皇恩的奉命之作外,他也作过高品位的对联,如"龙涧风回,万壑松涛连海气;鹫峰云敛,千年桂月印湖光"(题杭州西湖灵隐寺联)等。

4. 对联鼎盛时期

明清是对联的鼎盛时期。明代是对联发展的黄金季节。明朝的对联活动十分盛行,题联、赠联、联语对答等非常活跃。文人、才子如祝允明、杨慎、徐渭、董其昌、陈继儒等都是非常有名的;学者、志士,如王守仁、顾宪成、左光斗、史可法等也都留下了优秀的对联。例如"日午凭栏,看几点落花,听数声啼鸟;夜深缓步,待半帘明月,迎一榻清风"(徐渭题书舍)、"霁月光风在怀袖;白云苍雪共襟期"（左光斗手书联）。

对联的广泛传播使其内容更加丰富，逐渐引入了审美的要求。桃符板，作为文字载体，一两寸宽五六寸长，已经难以满足需求。因此，各种纸张、适合的木板或竹板等成为更适合题联和展现书法艺术的载体，逐渐取代了桃符板。清代是对联发展的巅峰阶段。君臣的倡导，促成对联作者和对联作品大量涌现。金圣叹、李渔、归庄、顾炎武、王士禛、郑燮、翁方纲、金农、袁枚、纪昀、赵翼、梁章钜、何绍基、林则徐、曾国藩、龚自珍，以及康熙、乾隆皇帝等，都写出了有特色的对联，具体如下。

（1）尽收城郭归檐下；全贮湖山在目中。(李渔题芥子园别墅联)

（2）不设樊篱，恐风月被他拘束；大开户牖，放江山入我襟怀。(朱彝尊题山晓园联)

（3）尧舜生，汤武净，五霸七雄丑脚耳，汉祖唐宗，也算一时名角，其余拜相封侯，不过掮旗打伞跑龙套；四书白，五经引，诸子百家杂曲也，杜甫李白，能唱几句乱弹，此外咬文嚼字，都是求钱乞食耍猴儿。(纪昀题京师戏馆联)

（4）一饭尚铭恩，况保抱提携，只少怀胎十月；千金难报德，论人情物理，也当泣血三年。(曾国藩挽乳母联)

清朝时期的对联创作在数量和品质上都超过了明代。总体上，对联的写作延续了明代的艺术传统，在表现技巧上更为成熟和灵活多样。特别是在特殊对联的创作方面，取得了突破和发展。各类哲理联、格言联、讽刺联、劝世联，以及巧联、趣联纷纷涌现，并得到广泛传播。此外，清代中叶还出现了长联，有的全联字数猛增到一百多甚至数百，最长的达到1620言，极大地扩展了对联的篇幅。

对联的收集、整理工作也在清代开始。梁章钜便是收集、整理对联较早的一位，《楹联丛话》即他研究对联的专著。总而言之，清人保留下来的对联相当多，为后人欣赏与研究提供了丰富而可贵的资料。

（二）对联的类型划分

对联从内容分，可分叙事联、状景联、抒情联、晓理联、评论联等；从文字长短分，可分长联、短联；从写作方式分，可分自拟联、集句联等。以下从应用范围的角度进行阐述。

第一，春联。春联是我国最早出现的应用范围最广的对联，春节贴春联已成为我国人民的一种习俗。内容多表达人们除旧迎新的喜悦心情和继往开来的奋发精神。春联一般贴在门口，上有横批。有时春节还开展征联活动。

第二，门联。门联也叫门帖、门对，我国明代就有贴门联的习惯。门联与春联不同，不是节日临时性的，而是长久刊缀在门旁。门联主要反映门第特征、行业特征，如山东曲阜孔府门联："与国咸休，安富尊荣公府第；同天并老，文章道德圣人家。"

第三，堂联。堂联是一种装饰联，用于美化厅堂、居室。其内涵较广，往往寄托着作者的情怀、志趣和抱负。例如，林则徐自撰堂联："海纳百川，有容乃大；壁立千仞，无欲则刚。"

第四，喜联。喜联又叫婚联，是婚嫁时专用的对联。内容多为喜庆祝愿等吉利话。可贴于大门或房门上，也可贴于箱柜等外面。

第五，寿联。寿联为年长者祝寿所用，一般是称颂寿者功德，祝颂寿者健康长寿。但也有人为自身写寿联以抒心怀。

第六，挽联。挽联是用来哀悼死者的对联。通常内容评价死者的业绩，颂扬其精神和情操，表达哀思之情。自挽联则是对自己一生的总结，或对亲人的嘱托。例如，俞樾的自挽联中有："生无补乎时，死无关乎数，辛辛苦苦著二百五十余卷书，流播四方，是亦足矣；仰不愧于天，俯不怍于人，浩浩荡荡数半生三十多年事，放怀一笑，吾其归欤。"

第七，交际联。用于酬赠、对答的对联。人们之间交际可赠对联以示友谊、劝勉之意。另外，人们互相交往时可以出句相对，这也形成一种交际联。

第八，名胜古迹联。悬挂、雕刻在风景优美的名胜地或历史名人、历史遗迹纪念地的对联。这一类对联与旅游关系密切，人们经常会在各地的旅游胜地看到。

（三）对联的主要格式

1. 横额

名胜古迹、庙宇祠堂的楹联常常搭配有横额，一般人家在写春联时也会搭配横额。横额又叫横批，是一副对联中不可或缺的部分。横额在统领协调上下联的同时，与对联相得益彰，共同构成了一幅完整的联联画面。横额要求非常精练，多为4字，也有少于4字或多于4字的，如无锡梅园香雪海联："七十二峰青未断；万八千株芳不孤。"此联题额就是"香雪海"。以题名为联额，而相配的对联描写景物或解释联额的含意，这种现象在一些名胜古迹处时常可见。如杭州西湖断桥残雪联："断桥桥不断；残雪雪未残。"横批即"断桥残雪"；广州白云山云泉山馆联："见山乐山水乐水；似隐非隐仙非仙。"横批即"云泉山馆"。有的横额语句精粹，起到画龙点睛的作用，如郭沫若题四川中江县黄继光纪念馆联："血肉作干城，烈概在火中长啸；光荣归党国，英风使天下同钦。"横批即"凯歌百代"。

2. 断句

悬挂在名胜古迹、庙宇祠堂上的对联通常不带标点符号，为了正确诵读和理解，必须准确进行断句。为了做到这一点，首先需要具备一定的古汉语基础，熟悉古汉语的语法和常见词汇用法；其次，还应该掌握一些对联的常识。就对联常识而言，其断句需要注意以下内容：

（1）掌握长联短句多、长句少的特点。难于断句的多是长联，而长联中一般多用短句，又以三言、四言、五言、六言、七言最常见。其中三言、四言、七言的排比句大量使用，铺陈描述，抒发感慨。对偶句式也为长联中所常用。

（2）注意对联中的领词。对联中一些领词后面往往带有一组排比句或对偶句，抓住领词，就能看清楚后面的句式。

（3）利用反复词，根据反复词的位置来断句。

（4）可上下联互相参照断句。对联上下联语法结构与节奏相似，遇到某联不好断句时，可参照另一联相应的一句。如对联，上联是"安庐凤颍徽宁池太滁和广六泗八府五州良士于于来日下"，下联"金石丝竹匏土革木宫商角徵羽五音六律新声袅袅入云中"，此对联断句需要对照看下联，如"金、石、丝、竹、匏、土、革、木"皆古代乐器；"宫、商、角、徵、羽"是古代的5个音阶，必须断开，因此可断句如下：

安、庐、凤、颍、徽、宁、池、太、滁、和、广、六、泗，八府五州，良士于于来日下；金、石、丝、竹、匏、土、革、木，宫、商、角、徵、羽，五音六律，新声袅袅入云中。

这是北京原安徽会馆戏台对联，上联开始13个字是清代安徽省行政区划的名称，即八府五州：安庆府、庐州府、凤阳府、颍州府、徽州府、宁国府、池州府、太平府、滁州、和州、广安州、六州、泗州。今此会馆戏台不存。

总而言之，对联（主要是长联）断句有一定难度，要好好运用古汉语知识，掌握对联特点，仔细推敲。一时决断不了，可多读几遍，慢慢了解对联的意义，自然就会断句了。

3. 领词

领词在对联中被广泛运用，通常用来引出一系列排比句或骈文句，从而使联语之间自然衔接，层次分明。领词可以是单个字，也可以是两个、三个字的短语。例如"江西滕王阁题联"如下：

兴废总关情，看落霞孤鹜，秋水长天，幸此地湖山无恙；

古今才一瞬，问江上才人，阁中帝子，比当年风景如何？

其中"看""问"是两个领词，领起两个四字句，读的时候，在领词后有一个小的停顿。又如"成都望江楼吟诗楼下石刻联"：

古今来不少美人，问他瘦燕肥环，几个红颜成薄幸；

天地间尽多韵事，对此名笺旨酒，半江明月放高歌。

其中"问他""对此"为两个字的领词。此外，还有再看三个字的，如"成都望江楼濯锦楼联"中的：

杖策喜重来，看风涛滚滚，流不尽云影波光，天外更昂头，岂徒览南浦清江，西山白雪；临轩空四顾，怅今古茫茫，历多少佳人才子，蜀中堪屈指，复何数吴宫花草，晋代衣冠。

其中"复何数""岂徒览"是三个字的领词，领起两个四字句。"看""怅"是一字的领词。下面是一些常见的领词，一字的如正、看、问、怅、爱、怕、想、料算、待、凭嗟、念、将、奈、叹、数、似、对、更、况、怎若、方、已、应、尽、早、莫、渐、对、须等；二字的如看他、对此、休说、那堪、问他、看来、何须、何况、况是、未省、只是、无怪、何必、将次等；三字的如倒不如、最堪怜、只赢得、最无端、更能消、又却是、再休提、便怎的、复何数、岂徒览、讵怎料、消受得、莫辜负等。

4. 书写格式

对联由上下两联组成，合称一副对子。书写应竖写，不用标点符号，上联在右，从右至左写；下联在左，从左至右写，最后一行要空几格，形成"门"字形，称为"龙门写法"。横批旧时习惯也是自右至左，现在一般是从左至右。对联有时有题跋、落款，说明撰写的时间作者意图与背景，可写在正文的前后。上款也可写在对联的开头，贺联、挽联往往上款在开头，下款在结尾。

（四）对联的出句和对句

1. 对联中出句与对句的内容相关

对联可分为正对、反对和串对。正对，指出句与对句在意思上并列，从不同的角度表现主题，互相补充。例如《题莫愁湖联》（清·彭玉麟）："胜地足流传，直博得一代芳名，千秋艳说；赏心多乐事，且看此半湖烟水，十顷荷花。"

反对指出句与对句在内容上一正一反，相互映衬。例如《岳坟前铁槛对联》（清·松江女史）："青山有幸埋忠骨；白铁无辜铸佞臣"；串对指出句与对句之间有一种递进、转折、条件、因果等关系，例如《武汉黄鹤楼太白亭联》："此地饶千秋风月；偶来作半日神仙。"

如果对联上下联不围绕一个中心意思，就叫"对开"，这是对联所忌讳的。如"江山壮丽；桃李芬芳"，上联写祖国江山壮丽，而下联则写春景或教师培养了许多学生，两联意思脱节。但对联上下联如果意思完全相同，即所谓"合掌"，也是作对所忌讳的。如"云泽清光满；洞庭月色深" "云泽"即"洞庭"的古称，"清光"也指月色，"满"和"深"都表示月光充足。上下联意思完全一样，是典型的合掌联。

2. 对联中出句与对句的字数相等

对联通常有上下各一句，字数分别为五、六、七字，也可以是四、三、二字。当对联的每句字数较多，且由三句以上组成时，被称为长联。对联无论长短，其中出句与对句的字数必须相等，这是对联的最基本要求。此外，对联的每一联，尤其是其中对应的部分，一般不应有重复的字。然而，根据内容需要，有时可以适度变通。例如，岳阳楼的"洞庭天下水；岳阳天下楼"中，重复的"天下"一词突显了洞庭湖与岳阳楼的宏伟气势。

3. 对联中出句与对句的平仄相谐

平仄是声调的再分类。古代汉语声调分平、上、去、入四声，第一声为平声、上、去、三声为仄声。发展到现代汉语普通话，古代的平声分阴平与阳平，古代上声中浊音声母字归去声，古去声仍为去声，古人声流入阴、阳、上、去中，现代汉语成为阴平、阳平、上声、去声四个声调，第一、第二声为平声，第三、第四声为仄声。现代汉话普通话没有入声，粤方言等保存入声，古汉语的一些人声字（200多字）在现代汉语普通话中已变为平声字，这是分析对联时应该注意的。

对联中的平仄规律主要表现在两个方面：首先，每一联中各字之间平仄的安排应有规则地交替，不应连续几个字都是平声或仄声，通常是两个音节一次转换；其次，上下联之间对应的音节一般应保持平仄相对的关系。这样，吟诵起来抑扬顿挫、节奏鲜明、和谐悦耳。如安庆大观楼联：

秋色满东南，自赤壁以来，与客泛舟无此乐；
平仄仄平平仄仄仄平仄平平平仄仄
大江流日夜，问青莲而后，举杯邀月更何人？
仄平平仄仄平仄平平仄仄仄平平

对联的平仄多采用律句的平仄格式，但是概念更广一些，不仅是五、七言律句，也包括合乎律句平仄格式的三言、四言、六言句。此例第一句是五字句，第二句去掉领辞"自""问"也是四字句，第三句是七字句。

4. 对联中出句与对句的语法结构和词性相应

对联中需要上下联语法结构一致，互相对称，且要求对应词的词性一致，这是一般的要求。但在一些长联中，有时可以灵活，结构大体相同即可。如《秦淮河水阁对联》（清·薛慰农）：

六朝金粉，十里笙歌，裙屐昔年游，最难忘北海豪情西园雅集；
九曲清波，一帘梦影，楼台依旧好，且消受东山丝竹南部烟花。
（偏正）（偏正）（主谓）（动宾——联合宾语）

上下联结构相同，对应词的词类也要相同，如联中第一句，数词对数词，名词对名词，形容词对形容词。对联中的词类按照古人的划分可归为9类，即名词、动词、形容词、颜色词、方位词、数词、副词、虚词、代词。其中名词还可分小类，如专有名词、地名、人名，更可细分天文类、时令类、地理类、文学类等。动词中不及物动词常与形容词相对。联绵字对联绵字。对联中工对要求词类对应工整，最好分小类相对，如《声律启蒙》中所要求："云对雨，雪对风，晚照对晴空。来鸿对去雁，宿鸟对鸣虫。三尺剑，六钧弓，岭北对江东。人间清暑殿，天上广寒宫。两岸晓烟杨柳绿，一园春雨杏花红。两鬓风霜，途次早行之客。一蓑烟雨，溪边晚钓之翁。"宽对则只要词类大类相同，不必分小类。有的宽对中某些词类相近或不同也可。

第三节　汉语言文学教学——表达的方式

一、口语的表达方式

（一）口语的表达特征

口语教学是汉语言文学教学关键组成部分，"是培养学生汉语言表达能力、逻辑思维能力以及语言素质的关键途径"[1]，口语的表达一般具有以下特征。

1. 有声性特征

口语表达，一般是面对面或同时同步进行的。因此，口语表达的最大特点是以有声语言来传情达意，口头语言的丰富性和生动性也都体现在这方面。首先，讲话人将自己的意思用有意义的语音即言语，传达出来变成声波，振动听话人的耳膜，听话人将声波通过中枢神经还原成具体内容，这是口头语言交际中最重要的过程。口头语言的有声性特点也正在于此。

在有声语言中，通过巧妙运用字音和句调，创造出具有"声音表情"的艺术效果是一种技巧，其中主要涉及以下方面：①确保语音优雅而动听；②丰富多变的语气。语音的优雅和动听主要通过调整平仄、谐合节奏、控制音色和音量等要素来实现。例如，平声（阴平、阳平）的字音悠长，传音较远；而仄声的字音短促，传音不远。通过使平仄交错对立、抑扬相间，可以使声音呈现出起伏跌宕、铿锵悦耳的效果。

---

[1] 李梅兰. 高校汉语言文学中口语教学内容的改革探析［J］. 江西电力职业技术学院学报, 2019, 32（12）：68.

节奏是由速度、停顿、轻重音甚至平仄等多种因素构成的,要根据交际的具体要求来控制。在一般场合或情绪正常的情况下,一般用中速表达;在庄重场合或情绪比较冷静时,一般用慢速;而在情绪大起大落的情况下,语速就快一些。口语的停顿,比较灵活,为了调节呼吸,表示强调,可以与各种语音因素结合起来进行适当、妥帖的停顿。音色、音量的控制,也是很有讲究的:口语表达、音色要和谐,不要太尖利,也不要多用鼻音。太尖,使人神经紧张,使谈话气氛难以和谐;多用鼻音,则会给人以无精打采的感受,使人厌烦。另外,音量的大小,要根据内容、场合而定。大声疾呼、轻声细语都有特定的表达效果,如果使二者协调配合,就会收到理想的表达效果。

　　语气的丰富多变可通过调整语调、停顿、使用语气词、调整轻重音等手段实现。在表达中,语调应根据所传达的内容和情感状态进行高低、升降的调整,从而表达出夸赞、埋怨、惊奇、惋惜、欢快、哀伤或叹服等各种语气。有许多语气词可用于表达,如"啦、哪、了、呢、吧"以及"却、可"等,这些词能够生动而准确地传达情感和意思。此外,轻读和重读的运用也是表达各种语气的有效手段。

　　2. 灵活多变性特征

　　以声音为媒介的口语,一般情况下须有交际双方同时参加,大多数情况下交际是同时同步的,表达者可以直接控制交际环境,亲自听自己的话语,观察交际对方的各种反应及各种突变,在表达中随机应变,灵活调整,从而达到或调节交际气氛、或强化表达的感染力的目的表达中,有时会有失言或口误的情况,可根据具体情形及时巧妙地加以纠正,也可沉稳地装出若无其事的样子继续下去。有时发现表达效果不理想时,还可以灵活应变,另辟蹊径。

　　在表达过程中,常常会面临突如其来的提问、讨论或突发事件。表达者应当善于根据实际情况灵活应对,巧妙地借助当前情境,灵活运用言辞。这种能力要求表达者在交流场合中密切留意言辞、观察言行,能够随机应变。这种能力的发展与个体的知识水平、阅历、修养以及语言表达能力等因素密切相关。通过用心观察和实践,个体可以逐渐熟练掌握这种应变能力。

　　3. 通俗与自然性特征

　　口语表达具有通俗易懂、朴实自然的特点,这是由口头交际方式决定的。这种风格特征的语言，朴实无华，简单明了，生动流畅，亲切自如，容易表达真情实感，缩短交际双方的心理距离，从而吸引对方的注意力，加深对方的理解，使表达收到最佳效果。

要使表达具有通俗自然的特点，除了调遣上述语音各方面的因素外，词语方面也要少用文言词、行话、术语等各种晦涩艰僻的词语，而要多用平易朴素的基本词、常用词、口语词以及一些为人们所喜闻乐见的谚语、格言，总而言之要多用大众化词语。句式方面，则要尽用文言句式、外来语句式、长句、变式句，而要多用短小松散、灵活自如、变化多端的口语句式。大众化的词语、句式，看似平淡，但要灵活自如地驾驭也并非易事。

4. 辅助手段多样性特征

口语表达中，表达者除了可以积极利用语言的各种因素外，还可以积极调动各种非语言性的辅助手段，主要包括以下两方面。

（1）副语言。副语言是指有声音但无固定意义的各种手段，例如发音、音质、音调的高低、强弱、音量的大小、语速的快慢、停顿、沉默、叹息、咳嗽等，这些类语言现象是人际沟通的重要工具，有时成为感情密码，能传达出暗示、制止、号召、鼓励、赞扬、怀疑、惊讶、申诉、坚决、自信、祝愿、庄重、悲痛、冷淡、喜悦、热情、自豪、警告等各种情感。

（2）体态语。体态语是指口语表达中借助表情、体态动作等手段准确、迅速地表情达意的一系列方式，主要有以下两方面。

第一，表情语。表情语是指人的面部表情，由脸色的变化、肌肉的收展以及眼、眉、鼻、嘴的动作所传递出的信息其中最重要的是目光。各种各样的表情中，最能复杂、微妙、细腻深邃地表达感情的莫过于各种眼神、目光。人们目光，既可以丰富自己的情感，又可以捕捉、追踪、洞察对方的内心世界。以旅游工作者为例，经常需要与游客进行视觉交流，工作人员要通过目光与游客联结，目光的移动和分配应该能统摄游客，不断与游客进行目光的沟通，从而使讲解收到理想的效果。除了眼神，笑的表情也是很重要的。

笑有很多种，其中，微笑是最有吸引力的，既微妙而又永恒，不管它的内涵多么丰富，诸如友好、甜蜜、愉悦、欢快、乐意、欣赏、拒绝、否定、尴尬、无可奈何等，但它给予人们的信息却都是愉快的，让人理解的。在交际中，微笑几乎成了调合剂。微笑是会给交际带来融洽、平和的气氛。工作人员的微笑更加重要，它有助于工作人员树立良好的职业形象。笑容可掬的工作人员总是会给人以亲切、友好、热情、礼貌的印象。

第二，体势语，包括手势、身体各躯干动作以及各种身姿。

一是，手势主要包括手部的位置和各种动作。在口语表达中，常用特定的手位来表达特定的情感，这在成语中有很多例子，如额手称庆、扼腕叹息、袖手旁观等。此外，还有一些手势动作，例如挠头、搓脸、双手交叉、双手背后、双手置膝上等。手势动作还包括握手、鼓掌、挥手以及手指的各种动作。身体不同部位的动作，如头部、颈部、肩部、胸部、背部、腹部、腰部、下肢等，也在交际中伴随着有声的语言表达，传达出各种微妙的意义。

二是，身姿语，是指整体的身姿形象，如站相、坐姿、走势、做态等。这些身姿，反映着一个人的仪态、风度、气质等。中国传统仪态规范的说法很多，例如"坐有坐相，站有站相""站如松，坐如钟，行如风，卧如弓"等，可见身姿也是各种情感的外化形式，在交际中传递着各种特殊的信息。

第三，装饰语，包括服装、美容、饰物及各种实物等。口头交际中，人的衣服、美容化妆、装饰物等都能"说话"，并且它们传递信息的速度比言语还要快，它们给人的第一印象是十分重要的。服装也能显示出人的职业、爱好、社会地位、信仰观念、文化修养、生活习惯等各种信息。可见，与交际有关的各种实物也是一种"语言"，对人际的沟通有着十分重要的作用。

（二）日常社交的口语

1. 日常打招呼

打招呼是人际交往中最基本的礼节之一，它是一个人讲礼貌、有修养的表现。一般而言，招呼用语比较简捷，话到即可，有时甚至连语言也不用，一个眼神、一个手势、一个头部动作也可以代替招呼用语。打招呼，看似简单，其实很有讲究。打招呼特别要讲究称呼和寒暄用语。

（1）打招呼要称呼得体。要使招呼中的称呼得体，主要是要根据不同的对象和场合选择恰当的称呼，使称呼因时而变，因地而异。被称呼对象包括对方的年龄、身份、地位与称呼者关系的亲疏远近等因素，所以称呼要尽量丰富、准确、标准，不能不分行业，不分年龄、性别，不分亲疏、内外、不管场合、地点，模糊、笼统地使用称呼语。

（2）寒暄要热情有礼。在打招呼时，除了使用适当的称呼外，还需留意相应的寒暄用语。对于寒暄，需要根据对象、时间、地点等情境来选择合适的表达方式，尤其在一些特殊场合，要确保寒暄话语自然、得体。寒暄的方式有很多，包括问候式、询问式和夸赞式。问候式通常用于表示问候；询问式则常用于了解对方的职业、姓名等信息；夸赞式则可以用来表达对对方外表或气质的赞美，例如"您这套衣服很漂亮"或"您的气色真好"。总体而言，寒暄的目的是打破陌生感，拉近双方心理距离，为进一步的交际奠定良好基础。在使用寒暄话语时，还需留意不同民族、不同国家的文化习惯，如西方人的寒暄通常以天气、季节、自然环境等无关紧要的话题为主。对这些文化差异的敏感觉察能够极大地促进交际的成功。

2. 进行自我介绍

介绍是人际交往中相互结识的一种最初方式。自我介绍是自己介绍自己，以使对方对自己能有初步的了解，为继续交际做准备。自我介绍要注意以下三方面。

（1）镇定自信而谦虚有礼。自我介绍要镇定自信，重要的是克服羞怯心理，勇于向对方展示自己。而微笑，是最有效的通行证。自我介绍时，始终保持微笑，随时点头致意，即使内心慌乱，也会给人以镇定自信的感觉。自我介绍时还要谦虚有礼，既要使对方通过自己的介绍有所了解，又不能给人以炫耀夸饰的感觉，特别是担任一定领导职务或某一方面有所成就的人，更要注意这一点，可使用一些"负了点责任"或"对……有一定兴趣"等模糊言辞一带而过，使自我介绍恰当得体。

（2）繁简得当。在初次交往时，双方都希望了解对方的愿望。如果能够在初次见面时及时、准确地进行自我介绍，将为进一步的交往奠定基础。因此，自我介绍应根据具体的交际情境灵活运用，有时简洁明了，有时则可能较为详细，其目的在于让对方充分了解我们的相关情况，同时为未来的交流提供话题。

（3）适当的诙谐幽默。自我介绍时，不能一味平铺直叙，还要讲究一些技巧。诙谐幽默的技巧就常被用于自我介绍，它有活跃气氛、引起注意、突出要点等一系列功能。其中较常用的方式，是巧妙地在自己的名字上或在自己的一些特征上做文章，从而给人以特殊的印象。

3. 人际间的交往

在人际交往中，与人交谈时要注意以下方法和技巧。

(1) 人际交往的提问法。在人际交往中，问是一种十分常见的表达形式，有时它成为打开交谈之门的钥匙。可见，提问是一种语言艺术，要想善于交谈，必须首先善于提问。提问的基本目的主要有两个：一是通过发问解除疑惑，投石问路，获取必要信息；二是通过发问引导、规范对方的言路，巧妙地、不着痕迹地规定交谈的方向。发问的方式主要有有疑提问式、无疑暗示式、无疑反驳式三种。

第一，有疑提问式，主要以解疑求知为目的，这类疑问一定要简明扼要，问题一目了然，疑点鲜明突出。这样便于对方抓住要点，有针对性地回答。如果发问笼统模糊，必然会达不到目的。

第二，无疑暗示式，主要目的是把握交谈的主动权，使交谈向着事先预设好的有利于自己的方向发展。无疑暗示式发问反映了一个人的应变能力和对语言的驾驭能力，需要更高层次的技巧。此外，还可以采用更为复杂的预设陷阱的方式提问，最终使对方就范，这种无疑暗示式发问，无论是诱导还是提醒，都能够成功地达到预期的目标。

第三，无疑反驳式。用反问句表示肯定或否定的情感，比正面发问更有力量，或更具幽默感，或更有讽刺意味。批驳性反问，能够表达强烈的情感，既可以维护自己，又可以反击对方。这种提问的要求有很多，主要是要胸有全局，根据交谈的基本目的，针对不同场合、对象灵活巧妙地采用不同的提问方式。提出的问题要尽可能抓住谈话要点，或迂回抓住对方的兴奋点，以使对方有话可谈，使交谈顺利进行。如果遇到冷场，千万不要生硬地追问，要及时地转变话题，巧妙地化解紧张气氛。

(2) 人际交往的应对法。在交谈中，人们会遇到各种各样的情况，碰到各种的问题。应对时，就要讲究技巧，自如操纵。交谈中的应对要义主要是遵循灵活的原则。灵活，就是要根据具体场合、对象以及个人的各种实际情况灵活采取应对方式，或直言相告，或诱言否定，或借言发挥，或反言驳斥，或妙言回避等。

直言相告，就是坦诚相见，直接应对。诱言否定，就是对一些难题或错误的问题，先不回答，而是诱使对方自我否定原来的问题。借言发挥，通常是因为对方的问题情况复杂，这种借言发挥需要更高的技巧。反言驳斥，就是在交谈中，对对方的错误的或不合适的说法、看法给予反驳，从而表明自己的态度和看法。妙言回避，是指在交谈中，遇到不便回答或不能直接回答的问题，采用回避正面答对而予以迂回应对的方式。回避既要巧妙又要及时，既要避开难题又要不影响交谈气氛。

（3）人际交往的拒绝法。在交谈中，面临各种各样的要求时，不可能都能满足，因此拒绝是难免的。遭到拒绝通常是不愉快的，因此，要善于表达"不同意"的态度，并使用技巧语言，尽量减少对方的失望，将不快的情绪降到最低。有许多种拒绝的方式，其中常见的包括借故推辞、模糊回应、巧妙设置圈套、先扬后抑、避重就轻等方法。

借故推脱，通常是借他人之口或拖延时间来加以拒绝。模糊多解的拒绝言辞，是利用某些语言材料或表达的模糊性、多义性巧妙地遮掩拒绝的锋芒。巧设圈套法，是诱导对方进行自我否定，然后借对方之口说出自己的看法，以此达到拒绝的目的。先扬后抑，是在拒绝之前先表示同情、理解乃至同意，而后再巧妙拒绝，使拒绝之辞委婉而含蓄。避实就虚，即避开实质性问题，使拒绝既有弹性，又显得明确。拒绝方法使用的恰当、得体、灵活、巧妙，是使交际获得成功的重要手段。

4. 电话交谈沟通

电话交谈也要讲究语言艺术。电话交谈从内容方面看，有公务性和非公务性两种；从形式上看，有打电话和接电话两种。不论哪种电话交谈，都要清晰准确、亲切礼貌，注意时间。

（1）清晰、准确。电话交际虽然是同步进行的口语交谈，但不能面对面，需要由线路传递声音。因此，比面对面说话要求更为清晰、准确一些。电话内容一般按招呼、正题、结语的程序进行。招呼语除了向对方问好外，要讲清本人的姓名单位，打电话者和接电话者都应如此。正题的内容表述一定要清楚，信息传递要准确，不要在讲正题时扯闲话，冲淡了正题的表达。如果告诉对方一些关键的数字或电话邮编、电报、电传号码时，最好要求对方复述一遍，以便校正。结束语应客气地互道"再见",切不可缺乏必要的结束语,使对方不愉快。

此外,为了确保电话交谈的内容清晰,应充分运用语音修辞手段。使用标准的普通话,语速不宜过快,保持鲜明的节奏,声音适度,既不要过于大声,也不要过于轻微,以确保对方能够清晰地听到。语调要抑扬顿挫,可以在重要的词语上使用重音,适度重复,同时注意适当的停顿。此外,要认真倾听对方讲话,避免过于急切地打断对方。

(2) 亲切礼貌。电话交谈语言特别要注意亲切、礼貌,先要注意用得体的称呼,多用敬语等礼貌用语,如"谢谢""麻烦""请""对不起""打扰了""不客气""再见"等。不能采取生硬的命令式的口气。不同的语调流露不同的情感,对方可从语调中听出态度。电话交谈中应使用亲切、自然的语调、不高不低的声音、不急不慢的语速,以表示说话人的诚心、和蔼和亲切。电话交谈中亲切、柔和的语气具有魅力。

此外,在电话交谈中,应当更频繁地运用敬语和其他礼貌用语。选择礼貌用语时,需要考虑其得体性和时机,根据不同的交谈内容和情境进行灵活选择。特别是在讨论性质的电话交谈中,应当耐心、温和地交换意见,避免出现生硬、尖刻、固执或武断的态度。同时,要善于在适当的时机表示感谢、道歉或表态,以确保电话交谈的顺利进行和圆满结束。

(3) 注意控制时间。用电话交谈比较方便,但电话交谈要注意控制时间,讲究简洁。首先,要求自己尽量不打这样的电话;其次,接到这类电话,也要用委婉含蓄的表达加以回绝,或巧妙地打住对方的话头,从而使电话交谈时间恰到好处,适可而止。

二、书面写作的表达方式

书面写作与口头语言的交际条件完全不同,所以它们的特点也各不相同。书面写作克服了口语稍纵即逝、不能留于异时、传于异地的时空局限,丰富、扩大了人们的交际手段和交际范围,使语言有了时间和空间上的广延性。人类有了以文字为载体的书面语言,人类社会也就有了历史。书面写作记载了人类的文明史,使人类社会的经济、艺术等文化传统得以流传;同时,它还可以使不同地域的人们进行交流。任何一个发达的文明社会,都拥有自己的书面语言。

（一）书面写作中记叙文的表达方式

记叙文是以叙述和描写为主的文章，凡记人、叙事、写景、状物的文章，都可以叫作记叙文。这里介绍的记叙文，是指常被称为"一般记叙文"的文体，与意义广泛的记叙性文字有所区别，它是篇幅不太长、详略随所需的一种文体；通常是以相对客观的立场，介绍既有的现实。记叙文以内容真实、准确为主，能辅之以优美、生动的文笔。

1. 记叙文的主要特性

记叙文的特性，可以从构成记叙文的一般要素、表达方式和表达作用等方面予以说明。构成记叙文的要素主要有人或物、事件、时间、地点。记叙文的主要表达方式是叙述、描写和抒情。但在写作过程中，不妨偶尔穿插其他表达方式，如插入一些议论，加上点评论等。如果用得不生硬，不喧宾夺主，就有可能为记叙文增光添彩。

记叙文是通过叙述、描写和抒情来展示社会生活、表达思想感情的一种文学形式。如果叙述可信、描写生动、抒情真挚，便能为读者提供美的享受，从而发挥其积极作用。记叙文通常不采用直接表达个人情感的方式，也不通过逻辑推理来强迫读者相信某种观点；出色的记叙文通过生动的形象、独特的见解和富有趣味的文笔引导、感召读者主动领悟和欣赏。

2. 记叙文的类型划分

一般记叙文，从不同角度出发，可以有不同的分类。以记叙对象为分类依据比较简单明了。记叙对象通常是人、物（动物、植物、矿物、器物）、事（事件、事务）。

（1）写人的记叙文：通过描写人物的外貌、行为、语言及其思想感情，向读者展现人物的形象风采和性格特征，揭示其某方面的精神蕴含和社会意义。

（2）写物的记叙文：除了人物描写，任何对生物或非生物的性质和状态进行叙述的文章都可被归类为写物记叙文，这类记叙文可能涵盖对风、花、雪、月的描写，描述动物、植物、矿物，记录文物，以及叙述工艺品等，领域非常广泛。

（3）写事的记叙文：是叙述事件的主体，说明事件的始末，交代事件的因果，揭示事件的本质的记叙文。

在人们的现实生活里，记叙文是使用得最多的文体。学习写作，也应从写记叙文入手。写记叙文是写作的基础，写不好记叙文，也就谈不上写其他文章。记叙文易于写成，但难以写好。易于写成，是说它的及格标准较低；难以写好，是说它的优秀标准很高。

（二）书面写作中应用文的表达方式

1. 应用文的主要特性

应用文是一类规定性写作文体。包括机关行政公文、机关事务文书、财经文书、司法文书、科技文书、礼仪文书、日常应用文等多类。应用文行文有惯用体式，强调行文的政策意识、法律意识、求实意识、单位意识和职业意识等，主要具有以下特点。

（1）鲜明的求实性。应用文是用来处理各种公务和私事的，必须注重实用，讲求实效。写作中要特别强调务实，不要有任何的夸张与虚构。在内容上要做到：①材料真实可靠，不能有任何的想象和虚构；②在分析和推断上要符合实际，不能主观臆断；③采取的措施办法必须切合实际，不能脱离实际。在形式上则必须质朴平实，做到文实相符。

（2）切实的合体性。应用文是为解决实际问题而写的，要收到实际的效果，必须注意体式。从应用文发送的对象而言，可以分为三类：①上行文：由下级机关或晚辈对上级机关或长辈发出的；②下行文：由上级机关或长辈对下级机关或晚辈发出的；③平行文：由级别相等的机关或长幼相当的平辈之间互相交往用的，这三种不同的应用文在格式上问候语上、措辞上都有不同的要求，写作时必须合体，才能收到好的效果。

此外，各种应用文都有固定的程序，包括标题、书写格式、习用语等，必须掌握这些程序。有些人不擅长写应用文，并非他们不懂得写文章，而是因为他们还未掌握应用文的规范程序。学习如何写应用文主要涉及了解应用文的规范程序。

（3）表达的明确性。明白、准确、通顺是应用文起码的也是最高的要求。应用文传递的信息一定要非常准确，才能达到交际的目的。哪怕错一个人名、地名,甚至一个标点,都可能引起很大的误会。行文一定要明白通顺,避免含糊、费解和歧义。

(4) 行文的简要性。应用文要提高交际的效率,就必须简明、扼要。草拟公文应注意文字要精练、篇幅要力求简短。因此,应用文所述内容要精选,用词造句要惜墨如金。

2. 应用文的书信表达

书信是人们常用的一种应用文。人们经常用书信形式往来交谈、联系事务交流信息、介绍情况、提出建议、予以证明、发出邀请,可见,书信具有多方面的功能。根据书信的用途,主要有以下两种类型。

(1) 一般书信。多用于个人或单位之间的联系,由以下部分组成:

第一,称呼。用怎样的称呼是由发信人与收信人的关系决定的,所以称呼要符合身份,要分清长辈、平辈、晚辈及亲疏远近,还要分清地位高低。总而言之,称呼要得体地表明发信人的尊敬、亲切或礼貌之意,有时还要加以"尊敬的""敬爱的"等敬语。另外,称呼要写在第一行,顶格,后面用冒号表示还有下文。

第二,正文。是书信的主要部分,内容是写信人要写的所有事情。无论是始发信还是复信,都要根据事情的轻重缓急,分段写清楚,即最好一事一段。正文开始时,要单起一行,空两个格。

第三,结尾。主要是写祝颂性的话,表示礼貌。祝颂语跟称呼语一样要得体、符合身份。祝颂语要根据收信人的身份、地位加以选择。祝颂语一般分两部分行文,前一部分可与正文连接,也可以另起一行,空两格写;后一部分另起一行,顶格写。

第四,具名。具名写在祝颂语后一部分的下一行右侧。在发信人的名字前,一般要根据开头的称呼加上对应的谦称;有时,名字后面还写上具名语。

第五,日期。在具名下一行写日期,最好年、月、日俱全,以备查考。此外还要注意:写信应当使用钢笔、毛笔或圆珠笔,不可用铅笔、红色笔。字迹要清楚,不可潦草。发现有遗漏,可以在具名后的空白处补充,标以"又及、附"等字样;信封有横式、竖式两种,要按照邮电部的统一规定写;信封上收信人姓名后面的称呼,是供邮局工作人员称呼的,不要按写信人与收信人的关系写成"同学、父亲"之类,而要用"同志""先生"等称呼。

(2)专用书信。专用书信是指用于某种事务联系、具有专门用途的书信。例如,贺信、咨询信、感谢信、表扬信、介绍信、证明信、慰问信、申请书、邀请信(请柬)、聘请书、倡议书等。专用书信的写法大致与一般书信相同,但不同的是专用书信有特定的要求及格式。写专用书信,特别要求将事宜、地址、联系方式等写清楚,语言要简洁精练通俗清晰、准确无误,格式要程序化。

第一,咨询信。咨询信主要是询问事情,征求意见。询问、要求要清楚,不可笼统。

第二,贺信(贺电、贺词)。贺信,是对成绩、节日、生日等喜庆事物表示庆贺的专用文体。用书信形式寄发,叫贺信;面对面陈述叫贺词;以电讯形式发出,叫贺电。贺信主要写明祝贺的事由,包括向谁祝贺、祝贺内容、祝贺原因等。语言要简练,感情要饱满,充分表现热情洋溢、喜悦赞美的感情。祝贺和颂扬之语要恰当,不可溢美。

第三,感谢信。感谢信侧重于表达谢意,主要要写明:时间、事由、得到了对方哪些帮助,最后表示感谢。

第四,介绍信。介绍信是介绍本单位的有关人员到另一单位联系、接洽事由时使用的一种信件,有介绍和证明的双重作用。现在,公务介绍信一般都是预先印制好的,只需填上姓名和具体事由即可,另外还要加盖骑缝公章,填好有效日期。

第五,证明信。证明信是个人、机关或团体为某人证明身份、学历、事实等所需要证明的各种真实情况的信件。要求言必有据,证据确凿,经得起推敲。证明信上正常的涂改之处要加盖印章。证明信不论个人或单位出具的,都最好加盖公章。

第六,邀请信。邀请信也叫请柬、请帖,是请对方来参加某种特定活动的信件。邀请信隆重而正式,要正确地书写被邀请对象的姓名或全称、邀请事由及注意事项;如果是赴会邀请,还要写明时间、地点等事项及其他注意事项。

第七,聘请书。聘请书也叫聘书,是聘请某人担任一定职务或职称或工作的信件。一般要写明被聘请人的姓名、所担任的具体职务,有时还要写明担任职务或工作的期限。

第八，慰问信。慰问信是一种对他人表示慰藉、问候、鼓励、关切的专用信件。正文一般先写问候、安慰的话语，然后根据不同对象及不同情况表示慰问。其表达要亲切、热情、真挚、坦诚。

第九，倡议书。倡议书是为了共同完成某项工作或开展某项活动而公开提出倡议，以期引起有关方面响应的专用文体。可以由个人发起，也可以由部分人发起；可以由一个部门或单位发起，也可以由几个部门或单位联合发起。其内容要写清楚在怎样的情况下、为了哪些目的、发出倡议的具体内容、自己打算怎么做、希望别人怎么做等。所提出的倡议既要有社会意义，又要切合实际，具有可行性。它既可以公开张贴或广播，也可以在报刊上公开发表。

3. 应用文的计划与总结表达

计划是人们对未来一定时期内的工作、生产、学习等活动拟定实现目标、具体要求、措施、步骤及完成期限等并形成条理清楚、层次分明的文字的一种文书。计划的应用范围十分广泛，具有预期性、具体性、科学性等一系列特点。总结是人们对前一阶段活动的系统回顾，即对前一阶段的实践活动进行分析研究，找出经验教训，得出规律性认识，以明确今后实践方向的一种应用文体。计划是总结的依据，总结是对计划的检验，二者相辅相成，互相制约而又互相促进。

（1）计划的作用与分类。

第一，计划的作用。计划是工作的先导。切实可行的计划，对实际工作、生产和学习等活动具有重要的指导、推动和保证作用。计划的主要作用在于：①能明确奋斗目标，更好地动员、鼓舞、调动人们的积极性和创造性；②可起调节、控制作用，以协调各方面、各部门统一思想，统一行动，去实现预定的任务；③在经济工作中，计划也是一种合理安排人力、财力、物力，建立正常的生产经营秩序的有效组织管理手段计划的分类。

第二，计划的种类很多，按照不同标准可分出不同的种类：按性质分，有综合性计划、专题性计划等；按内容分，有工作计划学习计划、生产计划、教学计划、科研计划、财务计划等；按适用范围分，有部门计划、单位计划、个人计划等；按适用时间分，有年度计划、季度计划、月份计划或长期计划、短期计划等；按形式分，有条文式计划、表格式计划、文件式计划等；按效力分，有指令性计划、指导性计划等。

(2) 计划的格式与写法。计划的格式。一般有条文式、表格式、文件式等。无论采用什么形式，一份计划要由标题、正文、结尾等几部分组成，有时计划后还要有附表或附图。

第一，标题又叫作计划名称，通常由三部分组成：制订计划的单位；期限；计划种类。如果单位名称放在结尾处，标题中也可以不出现。如果计划还未正式确定，是征求意见稿或讨论稿，要在标题后用括号注明"草案""初稿""未定稿""初步计划""供讨论用"等字样。

第二，正文是计划的主体，应写明订这份计划的原因、内容，怎样去做，具体完成时间等。正文的内容要写得具体明确、主次分明、条理清晰、言简意赅，以便执行。正文一般包括前言计划事项、措施和步骤、其他事项等。

一是，前言：有时也叫序言，在计划中可以有，也可以没有。前言主要是说明编制计划的依据、目的，或概括回顾前一段时期内完成工作的基本情况，说明制订计划的基础；在文字表述上，这一部分应力求简明扼要。大型的计划标出"序言"作为一个独立章节。一般的工作计划则只要把这一部分作为计划的开头段落就可以了。

二是，计划的事项：计划事项就是计划的目的和任务。这一部分主要是提出计划完成时限、任务、应达到的要求，一般分条列写。任务和要求都应明确、具体，既要积极，又要留有余地。

三是，措施和步骤：这一部分应就计划事项的任务和要求，拟订出具体的实施方法、工作程序、时间安排、分工和责任等，可分条分项列写。

四是，其他事项：可以分别写在各项条文里，也可以单列条文或在末尾专写一段。主要写明应注意的问题，以及检查、评比、修改计划的办法等。

第三，结尾主要是提出希望或号召。如果是需要上报或下达的计划，要分别写明，还要加盖公章，写明单位名称和日期，如标题中已写明单位名称，只要写明日期即可。

(3) 总结的意义与分类。总结具有针对性、求实性和指导性。通过总结，可以全面、系统地了解工作情况，从成功中获得经验，从错误或失败中吸取教训，从而改进工作，促进发展。总结有助于提高人们对实际工作的认识，使认识由感性上升为理性，同时促进团队成员之间的情况互通，共同提高。

总结的分类也可以从不同角度进行：按性质分，可分为全面总结、专题总结；按内容分，可分为工作总结、学习总结、思想总结等；按时间分，可分为阶段总结、年度总结、季度总结、月份总结等；按范围分，可分为个人总结、部门总结、单位总结等。当然，每一个具体总结与计划一样，都可以从不同的分类角度加以综合定类。

（4）总结的格式及写法。总结没有固定的格式，一般包括标题、正文和署名、日期等部分。标题的拟定要有针对性，形式却可以多种多样。全面总结、工作总结多采取"单位名称+时间期限+总结种类"的格式。专题性总结多采用正副标题的格式。经验性总结多用一般性文章标题的形式等。

正文的结构形式主要有三种：条文式、小标题式、全文贯通式。其内容主要包括基本情况、成绩和不足、经验与教训、今后努力方向等方面。就一篇总结而言，要从实际出发，根据具体情况而有所侧重。基本情况概述也叫序言，主要是简要地综述工作的基本情况过程及结果，以给人一个总体印象。

成绩和缺点是总结的主要内容，需要写得详细具体。要清晰指出取得了哪些成绩，存在哪些缺点，并重点阐述缺点的性质，指出尚未解决或难以解决的问题。经验和教训是总结的重点和中心，也是总结的目的所在。需要对成绩和缺点的性质及原因进行科学分析，将感性认识提升为理性认识，并从中归纳出规律性的经验。努力方向是在明确前一段时间工作的经验和教训的基础上，分析形势，提出任务，展望前景。署名应写全称，可以置于正文右下方或标题之下。日期需另起一行，写在署名之下。

（三）书面写作中论说文的表达方式

1. 论说文的主要特性

论说文[①]是一种以"摆事实，讲道理"为特征的书面表达形式，专注于议论和说理，旨在使作者的观点合理、有力。与记叙文相比，论说文在叙述人物和事件方面存在明显的差异。记叙文常常通过间接手法展现作者的思想，而论说文则

[①] 论说文，也叫议论文、说理文。有根据地提出自己的主张、观点，有理由地赞同或反对别人的主张、观点，表现在笔下，都可以写成论说文。

需要直接宣扬作者的主张。在说服读者方面，论说文通常借助分析、判断和推理的手段，强调逻辑的作用。反之，记叙文通过形象思维来表达，因此需要包含人物、事件、时间和地点的元素。与记叙文相比，论说文更依赖逻辑思维，包括论点、论据和论证。

2. 论说文的基本构成

论说文的基本观点是构建论题的主要支架。论点可以简单或复杂，而复杂的论点需要有清晰的层次结构，次要论点必须与中心论点相统一。论证是通过运用论据来证明论点的论理（逻辑）过程和方法。论证有多种方法，包括例证法、引证法、类比法、对比法、喻证法、反证法、引申法等，这些方法都是从归纳、演绎和类比三种逻辑推理形式中发展而来的。

例证法是以事例进行论证的方法。引证法是征引经典、伟人言论或公理进行论证的方法。类比法是用同类事物的某些相同或相似方面做比较并进行推论的论证方法。喻证法是用于论点有一定联系的比喻为论据而进行推论的论证方法。不过，比喻在事实上是与论点没有关系的，因而喻证只能是起辅助作用的论证方法。但它有生动、形象、易于理解的优点，若能配合其他论证法使用，则会收到很好的论证效果。

3. 论说文的类型划分

根据其写作内容和适用对象，论说文可分为论文、评论和杂文等。论文包括政治论文和学术论文等。政治论文是指有关路线方针、政策等问题的论述。学术论文是指自然科学、社会科学等学术研究的书面成果。评论，按对象分，有时事评论、文艺评论、体育评论等；按作者分，有社论、评论员文章编者按语等。这是在报刊上出现得最多的论说文。杂文，是针对社会生活、人间百态有感而发的文艺性论文。就一般情况而言，论文的理论性最为突出，评论、杂文的现实性比较显著。

根据其写作目的与论说方式，论说文可分为立论与驳论等。立论，是以阐述确立己方论点为目的的论说文。在阐述己方论点的过程中，尽管可能反驳已知的或推知的对立论点，但那只是为更好地确立己方论点而采取的手段。

思考与练习

1. 汉字的发展过程中，有哪些主要的形体演变，分别是什么时期的文字？
2. 什么是乐府诗？它是如何演变而成为一种诗体的？
3. 请简述汉语言文学教学中口语的表达的特征。
4. 论说文是一种以"摆事实，讲道理"为特征的书面表达形式，其专注于哪两个方面？

第三章 汉语言文学教学的课程建设

第一节 汉语言文学教学中的核心课程标准

一、汉语言文学教学中的汉语课程标准

(一) 古代汉语课程标准

古代汉语，作为中国语言文学系的核心课程，以及汉语言文学专业（涵盖师范生与非师范生）的基础课程，具有双重身份，既是知识体系，又是实用工具。这门课程兼具理论性与实践性，旨在培养学生阅读文言文的能力，以及运用理论知识解释文言语言现象的技能。此外，也为后续选修课程如文字学、训诂学、音韵学、古代汉语语法学等汉语史课程，以及语言学理论和古代文史哲等相关课程的学习奠定坚实的基础。

古代汉语课程贯彻理论联系实际的原则，以古代汉语文选作为基本的语言材料，阐述古代汉语的基本知识。本课程的学习，使学生掌握古代汉语的语言常识和基础理论，对古今汉语的发展有基本的了解，理解现代汉语是古代汉语的继承和发展；改善学生的知识结构，提高其人文素质，增强对古代文化的认同感和自觉性；培养和提高学生综合运用古代汉语知识阅读古代文献的能力，能够借助工具书阅读没有今人注释和标点的一般难度的文言作品；具备进行中学文言文教学和研究的基本能力，能够比较准确地解释中学文言文作品中的语言文字问题。

1. *古代汉语的课程目标*

针对中文系学生的知识结构和能力目标要求，古代汉语课程既要传授基本的文言语言知识，又要把重点放在培养阅读古书的能力上，为其他相关课程的学习

和今后的工作打下良好的文化基础。还需要提高对祖国语言文字的自豪感和文化认同感，培养语言文字研究的兴趣。

（1）知识目标。古代汉语课程教学知识目标包括：①课堂教学及相关教学活动，使学生系统地掌握古代汉语的文字、词汇、语法、修辞、古注阅读、标点翻译、诗词格律与古代文体等基本知识，对相关的语言学基本理论有一定的了解；②对古代汉语的概念有较为准确的理解，对古代汉语与现代汉语的差异有较为清晰的认识；③初步了解汉民族共同语的发展历史，为学习汉语史及相关课程打下较为坚实的基础；④理解现代汉语是古代汉语的继承与发展，更准确地分析和解释现代汉语的语言现象；⑤通过对典范文言文的讲读和阅读，巩固所学的古代汉语知识与基本理论；⑥掌握运用所学的理论知识分析和解释文言文语言现象的途径和方法。

（2）素质目标。古代汉语课程教学素质目标包括：①通过阅读古代典范文言作品，了解古代的典章制度、民俗风情以及文史哲等文化知识，接受古典文化的熏陶，提高学生的专业素养和人文素质；②通过学习语言知识，了解汉民族共同语的发展历史，热爱祖国的语言文字和语言文字事业；③培养语言研究的兴趣，提高对语言现象的敏感度，能够自觉地运用历史的观点看待语言文字现象，准确地理解和解释较为复杂的语言现象，提高汉语语言文学的应用能力；④课堂教学和相关的训练使学生具备分析研究问题的基本能力，能够胜任中学语文的语言教学与研究工作，能够就某个问题进行一定程度的理论探讨和论证分析，为进一步深造打下坚实的基础。

（3）能力目标。古代汉语课程教学能力目标包括：①通过学习古代汉语知识，学生在掌握相关语言理论知识的基础上，自觉运用理论知识，提高阅读文言文的基本能力，能够比较顺利地阅读中等难度的文言文。例如，唐宋八大家的仿古作品、两汉史传散文等，并能借助工具书和古注阅读难度较大的文言文，如先秦诸子散文、历史散文等。②具有一定的语言分析能力，对中等难度的文言文中出现的常见语言现象，能够从理论上加以分析和解释；全面提高阅读能力，能够较为准确地理解文章的内容主旨，鉴赏分析文章的语言风格和特点，胜任中学语文课程的文言文教学工作。

2. 古代汉语的课程体系

（1）古代汉语的前导课程。学习古代汉语课程，首先要求学生具备扎实的现代汉语基础。古代汉语的知识体系建立在古今汉语的比较上，缺乏相关的现代汉语知识和训练，将难以领会古代汉语的内涵。其次，学生应具备一定的文言文阅读经验。如果没有一定的文言文阅读积累，便会缺乏语言素材，无法真正理解文言文及相关语言知识。最后，学生应掌握一定程度的中国古代历史文化基本常识。语言与文化紧密相连，要理解语言材料和语言知识，必须置于相应的文化环境中。因此，古代汉语课程的前导课程应包括：①中学语文课程中的文言文阅读经验和知识积累；②中学中国历史课程中的中国古代历史文化基本常识；③大学一年级现代汉语课程及该课程涉及的语言学知识；④大学一年级的中国古代文学课程及相关的历史文化知识。

（2）古代汉语课程的知识体系。古代汉语课程由文言文选读、词汇分析举例、古代汉语知识通论及练习等部分构成。教学中应力求做到文选讲读与语言知识讲解相结合，学习语言知识与运用相结合，突出古代汉语课程的工具性特点。文选讲读以课堂示范性选讲为主，与语言知识讲解按1∶2的课时比例分配。文选讲读包含在每个章节中，穿插进行；选文以传统名篇为主，并注重语言的典范性。古代汉语课程知识体系具体见表3-1。

表3-1 古代汉语课程的知识体系

学期	章节	内容	学时
第一学期	绪论	古代汉语与古代汉语课程	2
	第一单元	文字；文选讲读	24
	第二单元	词汇；文选讲读	28
	第三单元	诗词格律；文选讲读	16
	自学内容	古代的文体、古代文化常识（略）	2
第二学期	第四单元	文言语法；文选讲读	44
	第五单元	文言的修辞与表达；文选讲读	6
	第六单元	古书的标点与古文今译；文选讲读	6
	第七单元	古书的注解；文选讲读	10
	第八单元	古代汉语的常用工具书	6

3. 古代汉语的课程考核

在我国的高等教育体系中，古代汉语课程的地位与重要性不言而喻。为了保证教学质量，我们将根据教学计划和考试大纲的要求，对每学期的古代汉语教学内容进行严肃认真的考核。以下探讨古代汉语课程的考核标准、成绩构成以及考试方式等内容。

（1）考核成绩的构成。古代汉语课程的考核成绩由三部分组成：平时作业、期中考试成绩和平时成绩。其中，平时作业成绩占比约为30%，期中考试成绩占比约为20%，而期末考试卷面成绩则占据剩余的约50%。这种成绩构成旨在全面评估学生在课堂上的表现，既注重过程管理，又强调结果导向。

（2）期末考试的形式与内容。期末考试采用闭卷笔试形式，考试时间一般为120分钟。试题内容紧密结合该学期讲授的重点难点，以阅读理解等操作实践型题目为主，旨在检验学生对古文的理解与运用能力。此外，试卷还包含论述、知识综合运用、文言文标点翻译等题型，以考查学生的综合素养和应用能力。试卷的题型不少于5类，题目总数不少于8个。

（3）考试范围的调整。在保证基本教学内容考查的前提下，我们将根据具体情况进行适度调整。例如，当学生对某一知识点掌握较好时，可以适当减少相关试题的比例，而将更多精力放在其他重点内容的考查上。这种灵活调整的方式，既能保证教学目标的实现，又能激发学生的学习兴趣和潜能。

（二）现代汉语课程标准

现代汉语课程是高等学府中汉语言文学及其相关专业的一门关键基础课程，在大学文科教学体系中占据举足轻重的地位。这门课程不仅是汉语言文学和国际汉语教育专业的主要课程，还是众多应用文科专业及外语专业的必修课程，甚至被广泛作为跨专业辅修课程或公共课程。"现代汉语"作为与语言相关课程的先导，为学生进一步学习汉语言其他专业课程奠定基础，肩负着培养和提高学生语言文字应用和科研能力的重任。现代汉语课程应致力于塑造和提升学生语言素养，增强学习者语言分析的理论水平和语言运用的实践能力，为从事语文教学工作、语言文字运用与研究工作奠定基础。

1. 现代汉语课程目标

通过学习，系统掌握本学科的基本理论和基本知识，了解本学科的发展趋势，培养和提高学生理解、分析现代汉语的能力；提升学生熟练地运用工具书对语言的运用能力和语言事实的发掘能力及初步的语言研究能力，以及一定的跨文化交流能力；认识常见的繁体字，具有良好的语言素质，具备成才的基础，成为基础扎实、思维活跃、视野开阔，能适应21世纪要求的复合型人才。教师教育专业，要特别注重提高学生熟练地掌握教师口语表达的基本技能和技巧，以最终形成个人较高的语言表达素养，成为一名合格的中、小学语言教学教师。现代汉语课程培养目标具体如下。

(1) 提升语言的理解与思辨能力。这是语言学习的第一步，也是最基础的一步。通过运用比较的方法，我们可以帮助学生对语言进行综合、系统化的感知、感受和感悟。在这个过程中，我们希望学生能够准确、独到地发挥主观能动性，对语言进行深入的理解和认识。此外，我们还要求学生能够运用由此及彼、由点到面、由表及里的观察方法，注意探幽析微、捕捉细节，见微而知著，从而准确地把握不同语言、不同表达方式所传达的不同意义和效果。

(2) 提高语言的运用与表达能力。语言表达是沟通的工具，也是思维的载体。我们首先培养学生组成一般句子的基础能力，这是语言表达的基本单元。在此基础上，我们进一步培养学生的语言交际能力，即在特定语境中，为达到特定交际目的而组织准确、得体的话语的能力。这其中包括理解语意之外的话语实际含义的能力，以便更好地进行有效沟通。

(3) 培养语言的研究与创新能力。语言是丰富多彩的，对其进行深入研究可以带来许多创新成果。我们培养学生运用语言学理论和知识多角度地分析、审视、鉴别、欣赏语言现象的能力，以期他们能够以科学的客观态度对待各种语言现象。我们还注重培养学生对各种语言现象的浓厚兴趣和敏锐的感觉，使他们能够初步分析、探究某些语言现象，并能够进行观点正确、有理有据、有所创新的书面表达。

2. 现代汉语课程体系

(1) 现代汉语的课程知识体系。现代汉语是一门语言科学，它是对汉语的现状进行描写的研究，使人们认识这些规律，自觉地遵循和应用这些规律，以提高语言的表达能力，增强语言的表达效果。其内容包括以下五个部分。

第一，绪论。这一部分主要讲解现代汉语的性质、研究范围及现代汉语规范化等，使学生对现代汉语的研究状况及现代汉语的功能、作用有较全面的了解。

第二，汉字。这一部分讲述汉字与汉语的关系，讲述汉字的特点，汉字的形体结构和演变规律，汉字规范化和汉字整理的一些问题。通过学习，学生能够了解汉字悠久的历史和伟大的功绩，明确汉字整理的政策和当前的任务，正确对待正字法。

第三，词汇。这一部分讲述词和词汇的构成，词汇、词义的发展，字典和词典等基本知识。学习词汇主要掌握辨析词义的方法，以便正确地理解、运用和解析词语。学习词汇还应在实践中逐步丰富、积累词汇，从而提高自己的表达能力。

第四，语法。这一部分是整个现代汉语的重点部分。主要讲述语法的性质、词的结构和分类，短语和句子的分析，以及修改病句等基本知识。学习语法是为了掌握词和句子的性质、特点，运用句子的规则，培养分析词性、分析句子结构、辨识病句和修改病句、正确运用语言的能力。

第五，修辞。这一部分讲述词语的选用、句式的选择和常用的修辞格，并讲述运用修辞方法应该注意的问题。要求学生不仅掌握各种修辞方法，还必须学会炼词造句的方法和具有分析一般修辞现象的能力，努力使语言表达得更加准确、鲜明、生动。

（2）现代汉语课程的教学方式，具体如下。

第一，现代汉语课程的课堂讲授。课堂讲授包括教学内容处理、教学方法的运用和教学手段。

一是教学内容处理。教学内容处理主要涵盖绪论、文字、词汇、语法、修辞五个方面。针对应用型专业人才培养目标和教师素质要求，课程内容应关注与相关课程及后续课程的整合与衔接，合理取舍、详略得当。例如，在教授口语和古代汉语等课程时，应精简教学内容，优化课程结构。实践训练则可安排在课前、课间、课外活动或第二课堂。在课程内容设计上，应以学生语言感知为基础，结合语言学最新研究成果，注重提高学生对语言的敏锐度，强调语言运用，巩固专业基础,并培养学生自主学习能力。为实现应用型专业人才培养目标,还需强化与中小学教学的关联,如在讲授词汇、语法、修辞时,重点探讨其在教学中的应用及教学方法,引领学生了解新课程对教师语言知识和语言能力的要求,形成能力训练的自觉性与坚忍性。

二是教学方法的运用。应用型专业人才培养目标、学科本身的性质、学生能力形成的发展,决定了现代汉语课程有着明显的技能性,所以在遵循启发式教学原则的同时,要突出教学的基本方法——训练教学法,采用举例子—自例中提炼问题—引导解决—上升到理论—实践训练的引导式教学方法。通过司空见惯的表层的言语实例分析,挖掘出深层的一般性的语言规律,并通过实践训练达到培养学生研究语言和运用语言的能力这一最终目的。针对高校扩招后学生学习水平整体下降的实际情况,不强求知识全面性和体系性,突出重点,突破难点,解决疑点,加强教育教学技能训练。在具体的教学内容中采用不同的教学方法。关于教学方法,具体见表3-2。

表3-2 现代汉语课程教学方法

教学方法	具体内容
问题讲授法	根据课时逐渐减少、扩招后学生整体水平下降的实际情况,可将教学内容多变成问题的形式讲授。把每个问题的知识点穿成线,连成片,结成网,形成一个完整的知识体系
参与式教学	改变传统的填鸭模式,以学生为中心,强调学生主动、平等地参与学习活动,以及学生之间、学生与教师之间的交流与合作,充分关注学生已有的知识和经验,在保留教师讲解的主要模式的同时,尽量使学生参与教学环节,变被动听讲为主动思索。比如课堂讨论法、不同观点辩论法等
探究式教学	根据新的教育理念和国家新课改的要求,鼓励学生进行探究式学习。在授课时有意识地多鼓励学生质疑,如质疑教材的观点和提法及例证等。师生共同质疑、互相质疑,达到最后解疑的目的
自主式教学	建立现代汉语的学习网站,把讲义、课件、理论和技能训练题库、相关网络资源整合优化后放在学习网站上,逐步建立完善现代汉语资料库、音像资料库,宣传国家语言文字工作方针、政策,追踪报道热点,展示研究成果,为学生提供语言训练的范本,创建展示训练成果的平台,让他们自主学习,自主选择他们认为有用的或在今后的工作与学习中需要的内容进行学习

三是教学手段。采用多媒体教学模式，以教师讲为主，学生研讨为辅。充分利用现代教育技术，通过图像、音频与视频等多媒体手段展示教学内容，使学生直观地领略诸如简化汉字与繁体汉字的对比等语言现象，从而激发学习兴趣，助力学生更好地吸纳理论知识。

针对现代汉语课程特质，考核制度应结合质性评价与量化评价，以及学习过程与成果，采用三种考核方式：试卷、作业与结业小论文。试卷考核以闭卷形式评估理论知识掌握及运用；作业考核注重学习过程，侧重检验实际应用所学理论与知识的能力（百分制）；小论文则侧重考查学生运用理论研究语言现象及开展教学实践探讨的能力。此类教学方法有助于引导学生关注语言能力培养。

第二，现代汉语课程的实践教学。现代汉语课程实践教学可从两个方面进行：课堂内非独立实践环节的实施。课外独立实践环节的实施。课堂内非独立实践环节的实施主要包括课堂发言、语料赏析、讨论、训练、课堂作业等；课外独立实践环节的实施主要包括课外作业、语言调查、社会实践、语言活动与竞赛等。现代汉语课程实践教学需要综合运用多种实践训练方法，如课前演练、多媒体应用、示范法、情景模拟、讨论法、问题贯穿法、语言调查、社会实践、活动竞赛等。教学实践的运用应遵循"四结合"原则：一是教师主导与学生主体相结合；二是分散模式和集中模式相结合；三是课内课外相结合；四是教学实践活动与学生社团活动相结合。下面就实践教学进行分析。

首先，课内或课前实践。这类实践主要围绕课堂讲述的重要内容进行，旨在帮助学生通过实际操作巩固和深化理论知识。课内实践有时也会安排在课堂之前，让学生提前预习和准备。例如，教师可以设计一系列讨论题目和程序，让学生分组准备，并在课堂上进行讨论。在讨论过程中，教师会邀请不同层次的学生发表意见，最后由教师本人总结点评，以确保学生对所学内容的深入理解。

其次，课外第二课堂实践。第二课堂实践活动在培养学生综合素质方面具有不可替代的作用。它不仅能够让学生将所学知识和技能应用于实际问题，发挥学生的主动性和创造性，还可以及时传播最新的科技动态，弥补教材的滞后性。例如，学生可以利用课外时间调查网络用字用语的现状，并根据现代汉语的知识撰写调查报告或小论文。在此基础上，学生之间相互批阅，并撰写不少于500字的评语，以提高写作能力，培养批判性思维。

最后，课外作业。课外作业是引导学生自主学习、检验教学效果、拓宽学生知识面的关键环节。教师可以根据课堂讲授内容和考研目标设计一系列作业，要求学生通过相互讨论或查阅图书馆资料来完成。这样，学生可以对某一问题进行深入研究，并撰写看法，从而激发他们对所学理论的进一步认识和思考。通过课外作业的完成，学生可以巩固和提升所学知识，为将来的职业生涯奠定坚实基础。

第三，现代汉语课程自主学习。自主学习是现代教育的重要理念之一，它强调学生的主体地位，鼓励学生主动参与学习过程，从而提高学习效果。在现代汉语课程中，自主学习更是占据了核心地位，因为语言学习本身就是一项需要积极参与、自主实践的复杂过程。为了更好地实现现代汉语课程的自主学习，我们可以充分利用网络资源，搭建一个多元化的学习平台。

一是建立一个专题学习网站。这个网站可以将各类优质资源进行整合和优化，包括课程讲解、实践案例、学习技巧等。学生可以在这个平台上自由浏览、学习和下载资源，从而丰富自己的学习内容，提高学习效率。此外，网站还可以定期发布与现代汉语相关的新闻、动态和研究成果，帮助学生了解汉语学习的前沿信息，激发他们的学习兴趣。

二是利用互联网技术，我们可以为学生提供多种交流方式。例如，设置电子信箱，让学生可以在任何时间、任何地点向教师提问，获得及时的帮助和指导。此外，还可以开设教育博客，让学生分享自己的学习心得、感悟和作品，形成一个良好的互动氛围。师生之间、学生与学生之间可以通过这些渠道进行深入的交流，相互学习，共同进步。

三是为学生提供一个展示训练成果的平台。这个平台可以让学生充分展示自己的学习成果，如作文、翻译、演讲等，从而增强他们的学习自信。同时，这个平台也可以让教师更好地了解学生的学习状况，对教学效果进行评估和调整。这样一来，学生在这个平台上不仅可以获得学习的乐趣，还可以真正成为教学过程和教学活动的一部分。

总而言之，通过以上措施，我们可以充分利用网络资源，为学生提供一个富有趣味、充满挑战的自主学习环境。在这样的环境中，学生可以充分发挥自己的主观能动性，提高现代汉语学习的效果。同时，教师也可以更好地进行教学管理和指导，提高教学质量。让我们共同努力，推动现代汉语课程的自主学习，为汉语教育事业贡献一份力量。

3. 现代汉语课程考核

现代汉语课程的考核标准强调实践性与综合能力，这门学科的特点决定了其考核方向：一方面是检测学生对基础知识与基本理论的掌握程度；另一方面是评估学生运用所学知识分析语言现象的能力。尤为重要的是，课程考核注重知识学习向能力的转化。

在现代汉语课程教学过程中，为了帮助学生巩固知识、提高独立思考和创新能力，教师应布置适量作业，并将作业完成情况纳入平时成绩考核。为了全面评估学生的学习成果，课程考核应注重平时成绩，避免过度依赖一次性考试。以下为具体的考核方法。

（1）课程成绩由两部分组成：每学期平时课堂表现及作业成绩占20%，期末笔试成绩占80%。

（2）学生需在平时完成作业，每学期3~5次。作业内容包括语言现象分析、语言现象评论以及语言文字调查报告等。教师将对学生的作业进行百分制评分，最终取几次作业的平均分作为平时成绩。

（3）期末笔试成绩采用百分制。为确保评卷公正、客观，本课程坚持采用教师"流水"阅卷方式。

通过以上考核方法，既能检验学生对现代汉语基础知识和理论的掌握程度，又能评估其在实际语言分析与应用方面的能力。在教学过程中，教师应关注学生的平时表现和作业完成情况，及时发现问题并给予指导，从而提高学生的独立思考和创新能力。同时，注重平时成绩的考核，有助于激励学生养成良好的学习习惯，全面提高现代汉语素养。

二、汉语言文学教学中的文学课程标准

（一）古代文学课程标准

中国古代文学是汉语言文学专业开设的专业基础课程之一，在汉语言文学专业人才培养方案和教学计划中占有重要地位。中国古代文学包括从上古至近代的

中国文学，分为文学史和作品选两大部分，课程内容丰富多彩。本课程系统地讲授中国古代文学孕育产生、发展变化的基本知识、文学现象、文学流派与主要成就，阅读和赏析各个历史时期代表作家的代表作品，传承和弘扬中华民族悠久深厚的文学传统。在汉语言文学专业开设的主要课程中，中国古代文学课程开设时间最长、课时最多。通过本课程的教学，能够使学生比较系统全面地了解中国古代文学及文化，增强人文素养，打好专业基础，掌握就业和考研深造必需的知识与能力。本课程对于培养汉语言文学教育人才及相关专业人才具有重要作用。

1. 古代文学课程教学目标

开设中国古代文学课程，旨在引导学生全面了解中国古代文学发展演变的基本轮廓，系统掌握各个历史时期的代表作家、经典作品以及文学风格流派、文学思潮和文学形式的演变特征，从而培养学生的审美鉴赏能力、人文素质、民族自信和爱国情操，更好地传承和弘扬中国古代优秀文学传统，建设和发展社会主义先进文化。中国古代文学课程教学目标具体如下。

（1）知识目标。中国古代文学课程分为中国古代文学史和中国古代文学作品选两部分。学习本课程，学生可以获得有关中国古代文学发生、发展和演变的基本知识，了解自上古时期至1919年之前中国文学的发展史、重要的文化现象、文学运动、文学流派及重要的代表作家、代表作品的思想与艺术成就。此外，学生还将深入探讨中国古代文学的历史背景，分析不同时期的文学特点和社会影响，掌握文学史的研究方法和分析技巧。

（2）能力目标。通过本课程的教学，培养学生了解与掌握中国古代文学发展基本知识和主要成就的能力，培养学生运用马克思主义观点与科学方法，独立阅读、理解、鉴赏中国古代文学作品的能力以及研究并传承中国古代文学与文化的方法和能力。为了实现这一目标，课程将引导学生对比不同历史时期的文学作品，探讨文学现象背后的社会、历史、文化原因，提高学生对文学作品的审美鉴赏力和批判思维。

（3）素质目标。通过本课程的教学，学生可增进对中国古代深厚的民族文学传统的理解，改善知识结构，提高阅读和欣赏中国古代文学作品的能力与水平，提高人文素质和文学修养。课程还将注重培养学生的创新思维和批判性思维，鼓励他们从多元角度审视文学作品，发挥想象力，丰富自己的审美体验。此外，课程还将教育学生传承和弘扬中华民族优秀文化，树立民族自尊心和自豪感，培养爱国主义情操。

2. 古代文学课程教学实施

（1）先秦文学教学，具体如下。

第一，教学目的。通过中国古代先秦文学的教学，学生可以全面系统地了解并掌握先秦时期中国文学孕育产生与发展繁荣的脉络、特点、原因和主要成就丰富和完善有关中国古代文学最初阶段的知识结构，培养和提高文学素养与文学鉴赏能力，为学好先秦以后的中国各代文学打下坚实的基础；学生能够认识和了解在距今几千年的先秦时期，中华民族已创造了世界瞩目的灿烂文化与文学，从而增强民族自豪感和自信心，陶冶思想情操，更好地继承和弘扬中国古代文学的优良传统和精神。

第二，教学内容及重点、难点：①先秦文学教学的主要内容。先秦是中国各种体式的文学孕育产生和发展的时期，其主要成就表现在诗歌和散文方面。远古时代的歌谣和神话是中国文学的起点，以《诗经》和《楚辞》为代表的先秦诗歌，叙事性的历史散文和说理性的诸子散文在先秦都取得了辉煌的成就。②先秦文学教学重点。先秦文学是我国文学史上第一部诗歌总集《诗经》，历史散文中的《左传》与《战国策》，诸子散文中的《孟子》与《庄子》，屈原的《离骚》。③先秦文学教学难点。先秦文学作品选的解读和赏析。

第三，教学方法。先秦文学教学涵盖文学发展史和作品选两部分内容，二者需科学融合，交互展开。文学史课堂教学以教师主讲为主，力求简明扼要、突出重点，使学生明了先秦文学的生成、演进、变迁及繁荣的基本状况与成因，探讨其特色与主要成就。作品选教学则以学生阅读作品为核心，教师需提前布置阅读篇目，采取有力措施确保学生认真阅读与翻译相关作品，撰写阅读笔记与鉴赏分析。课堂教学中，可采用讲授、问答与讨论相结合的方式，着重培养学生的形象思维与文学鉴赏能力。教学过程中，务必灵活运用启发式、问答式、讨论式等多种教学方法，以及多媒体教学手段，注重各种教学方法的搭配与整合，同时及时总结经验，以提升教学成效。

（2）秦汉魏晋南北朝文学教学，具体如下。

第一，教学目的。秦汉魏晋南北朝文学教学讲授和学习秦汉文学和魏晋南北朝文学。要求全面系统地了解这一时期文学的发展过程和基本规律，重点了解并掌握各个历史时期的代表作家与代表作品。通过学习，应进一步提高学生中国古代文学作品的阅读鉴赏能力、分析评论能力、口头笔头表达能力。能够借助于注释和有关资料，读懂中等难度的古代文学作品，并基本能够独立地分析、评论中国古代的作家及作品，比较准确地把握其思想内容及其艺术特征，具备初步的文学分析与研究能力。

第二，主要教学内容及重点难点，具体如下：

一是秦汉文学主要内容与教学难点。秦汉散文的发展过程及其代表作家作品；《史记》与《汉书》为代表的史传散文；汉代辞赋的起源与流变、体制与风格、代表作家作品；汉代乐府诗和文人五言诗。教学重点为汉赋的艺术特征、《史记》的艺术成就、《古诗十九首》的艺术风格。教学难点为汉赋的艺术特征。

二是魏晋南北朝文学主要内容及重点难点。魏晋南北朝文学按文体分为诗歌、辞赋、散文、骈文和小说，其中诗歌取得的成就最大。魏晋时期，建安诗歌清新刚健、慷慨悲壮，正始诗歌忧生嗟叹、寄托遥深，太康诗歌追求华美，永嘉诗歌盛行玄风，陶渊明开创田园诗，成为这一时期成就最高的诗人。

南北朝时期，谢灵运、谢朓完成了由玄言诗向山水诗的转变，开山水诗歌一派。鲍照对七言诗的发展做出了重要的贡献。永明新体诗风靡一时。庾信是南北朝诗歌集大成者。南北朝乐府民歌取得了很高的成就，并对文人诗歌创作产生了明显的影响。西晋以后，骈体文臻于成熟并在南朝达到鼎盛。辞赋由汉大赋演变为抒情小赋，并向骈化和律化方向发展，形成魏晋南北朝辞赋的时代特色。魏晋以后，小说开始流行，志怪小说与轶事小说篇幅短小、语言简朴，成为古代小说的萌芽。此外，教学难点是如何在魏晋南北朝政治、经济、思想文化和文学思潮的背景之下，在纷繁的文学现象背后，掌握这一时期文学发展的时代特征和内在规律，并理解魏晋南北朝文学在整个中国文学史中的地位。

三是教学与学习方法。秦汉魏晋南北朝文学教学仍要注意把握好文学史和作品的关系。要以文学史的发展脉络为纲，以具体的作家作品为基础，用文学史统领作品，通过对具体作品的学习更深刻地理解和把握文学史的发展规律。由于内容繁多而课时有限，就要求教师教学重点突出，以点带面，调动学生学习的主动性，强化课外阅读。

(3) 唐宋文学教学，具体如下。

第一，教学目的。唐宋文学是中国古代文学发展的重要阶段和又一辉煌时期。通过学习唐宋文学，学生可以全面系统地了解和掌握隋唐五代时期我国文学发展、变化与繁荣的脉络、主要成就、特点和规律，丰富和完善中国古代文学的知识结构，更好地继承和弘扬我国古代文学的优良传统和精神，进一步陶冶思想情操，培养和提高文学素养与文学鉴赏能力。

第二，教学重点、难点。唐宋文学的卓越成就主要体现在诗词领域，核心教学内容为唐诗和宋词。在隋唐五代文学方面，重点关注盛唐时期的山水田园诗派和边塞诗派，以及李白、杜甫的诗歌创作，白居易及其新乐府运动，韩愈、柳宗元的古文运动和李煜的词作。进入宋代，教学焦点集中在苏轼、辛弃疾的词作成就，豪放词派的发展，李清照的词作成就，婉约词派的特色，以及陆游的诗歌创作。唐宋文学的教学难点在于理解和鉴赏这一时期诗词的艺术魅力，以及探讨诗词风格的形成和演变过程。

第三，教学方法。唐宋文学教学包括文学发展史和作品选两部分内容。在教学中，这两部分内容要科学有机结合、交叉进行。文学史课堂教学以教师讲授为主，但要精练教学内容，简明清晰、重点突出地讲清各时期文学的流变、盛衰情况及原因，探讨其特点和规律；需要注意调动和发挥学生学习的主观能动性，对有关内容做到课前预习、课后复习并及时完成作业。作品选教学要以学生阅读作品为主，教师提前布置阅读书目，采取有力措施要求学生认真阅读原作，写出阅读笔记和鉴赏分析，课堂教学过程中可采用讲授与讨论相结合的方法，注意培养学生的形象思维和文学鉴赏能力。除了运用传统的教学方法和手段外，在教学中还要结合教学内容，适当运用多媒体、影视录像等现代化教学手段和方法，努力提高教学质量和教学效果。

(4) 元明清文学教学。

第一，教学目的。元明清文学，作为中国古代文学发展的重要阶段和辉煌时期，具有独特的文化内涵和艺术价值。这一时期的文学创作，不仅反映了我国社会的变革、文化的交融，还展现了作家的才华和智慧。通过深入学习元明清文学，我们可以全面、系统地了解这一时期我国文学的发展历程、变迁轨迹、繁荣景象，以及其背后的成因、特点和规律。元明清文学的学习，可以从以下方面展开：首先，把握这一时期文学发展的脉络。从元曲的繁荣、明清小说的兴起到清代诗词的高峰，文学创作呈现出丰富多样的面貌。通过学习这些作品，我们可以了解到不同时期的文学风格、审美趋向和社会背景，从而搭建起完整的文学发展框架。其次，了解这一时期的主要成就。元明清文学不仅在诗歌、散文、小说、戏曲等方面取得了辉煌的成就，还涌现出了一批如关汉卿、汤显祖、曹雪芹等文学巨匠。他们的作品具有极高的艺术价值，成为中国古代文学的瑰宝。再次，探讨文学发展的原因。政治、经济、文化等多方面的因素共同推动了元明清文学的繁荣。例如，元代戏曲的兴起与当时戏曲表演艺术的繁荣密切相关；明清小说的繁荣则得益于印刷技术的进步和市民阶层的壮大。了解这些原因，有助于我们更深入地理解文学发展的内在逻辑。此外，分析这一时期文学的特点。元明清文学在继承传统的基础上，不断创新和发展。元代戏曲的豪放、明代小说的细腻、清代诗词的婉约，各具特色。同时，这一时期的文学作品关注社会现实，具有强烈的时代气息。最后，探究文学规律。通过对元明清文学的研究，我们可以总结出一些文学创作规律，如文学与现实的互动、文学流派的兴衰、文学审美观念的变迁等，这些规律对于我们认识文学发展的规律性和把握文学创作趋势具有重要的指导意义。

第二，主要教学内容及重点、难点。元明清文学的主要成就是戏曲和小说，其教学重点也是戏曲和小说。而在元、明、清三个不同时期，其教学重点不相同：元代文学以杂剧的发展繁荣为教学重点，主要学习和赏析关汉卿的《窦娥冤》、王实甫的《西厢记》；明清两代文学以小说及戏曲为教学重点，尤其突出小说的教学；在明代文学中，主要学习和赏析《三国演义》《水浒传》《西游记》等长篇小说名著，短篇小说"三言二拍"，以及汤显祖的传奇名作《牡丹亭》；在清代文学中，主要学习和赏析文言短篇小说的高峰之作《聊斋志异》、长篇小说名著《儒林外史》《红楼梦》以及"南洪北孔"的戏剧名作《长生殿》《桃花扇》。

元明清文学的教学难点是这一时期小说及戏剧的艺术欣赏，尤其是对有关作品的艺术成就和人物形象进行比较鉴赏，如《三国演义》与《水浒传》艺术成就的比较，《聊斋志异》与魏晋志怪小说、唐代传奇艺术方面的比较，《西厢记》中崔莺莺形象与《牡丹亭》中杜丽娘形象的比较，等等。

第三，教学方法。元明清文学教学涵盖文学发展史和作品选两部分，二者需科学有机地结合，交叉展开。文学史课堂教学以教师主讲为主，但需提炼教学内容，讲求简明扼要、重点突出，阐述各个时期文学的演变、兴衰及成因，探讨其特色与规律。同时，激发并发挥学生学习的主观能动性，促使课前预习、课后复习，并按时完成作业。作品选教学侧重学生阅读作品，教师预先布置阅读书目，确保学生认真阅读原作，撰写阅读笔记和鉴赏分析。课堂教学中，结合讲授与讨论，可结合讲授与讨论，培养学生的形象思维和文学鉴赏能力。此外，教学中应结合教学内容，适度运用多媒体、影视录像等现代教学手段，以提升教学质量及效果。

（二）现代文学课程标准

中国现代文学是一门研究中国现代文学发展历史的学科，是汉语言文学专业本科必修的基础课。该课程帮助学生正确认识中国现代文学的发展过程及其特点；运用马克思主义历史的和美学的观点、方法，分析和评价各个历史时期的重要作家作品；全面系统地了解现代文学思潮、文学运动、文学批评和文学创作发展的基本概况以及中国现代文学的主要成就和经验教训；培养学生研究文学现象和作家作品的能力。现代文学是一门非常重要的专业基础课，它上承中国古代文学，下启中国当代文学，为一个新的文学世纪拉开了序幕。现代文学课程对于创新型、实践型人才的培养有较大的促进作用，在人才培养中具有不可替代的独特地位。现代文学课程教学目标具体如下。

（1）知识目标。深入理解现代文学的基本知识和基础理论，全面掌握现代文学史发展的基本脉络、文学思潮及流派的核心内容与演变过程；系统学习现代文学的文学成就，了解相关主要作家和作品；熟练运用现代文学作品分析方法。

（2）能力目标。通过课堂教学及相关教学活动，培养学生对现代文学史的全面把握，具备现代文学作品欣赏和分析能力，拥有较高的文学鉴赏水平，并具备一定的现代文学作品理解、分析、鉴赏能力。

（3）素质目标。通过现代文学课程学习，全面提升学生的整体文化素养，增强文学修养，提高人文素质，全面发展学生的学术能力和专业素养，使其能够胜任中学文学课程教学，并为继续深造奠定坚实基础。

（三）当代文学课程标准

中国当代文学是一门研究中华人民共和国成立以来中国当代文学发展历史的学科，是汉语言文学专业本科必修的基础课。该课程帮助学生正确认识中国当代文学的发展过程及其特点；运用马克思主义历史的和美学的观点、方法，分析和评价各个历史时期的重要作家作品；全面系统地了解中华人民共和国成立以来的文学思潮、文学运动、文学批评和文学创作发展的基本概况以及中国当代文学的主要成就和经验教训；培养学生研究文学现象和作家作品的能力。中国当代文学与当下社会有着密切的关联性，对创新型、实践型人才培养来讲，有着极强的现实意义。

1. 当代文学课程教学目标

（1）知识目标。当代文学课程教学知识目标旨在向已经具有了初步文学历史基础知识，特别是中国古代文学、中国现代文学基础知识的学生阐述1949年后中国当代文学的发生、发展和演变的轨迹，讲述当代文学作家、文本、流派、思潮及其催生和影响当代文学发生、发展和变化的多元的社会文化语境等，通过对具体代表作家的代表性文本的详细和深入分析，使学生形成有关当代文学历史的基本知识构架。

（2）能力目标。通过课堂教学及相关教学活动，使学生能够对当代文学史有整体的把握，具有欣赏和分析当代文学作家作品的能力。具备较高的文学鉴赏力，具备一定的理解、分析、鉴赏当代文学作品的能力和评析当代文化现象的能力。

（3）素质目标。提升学生文化修养，感知市场化、商品化、消费化的价值观与主流意识、正统意识、精英意识的对立和矛盾，认识到在大众文化背景下坚守文学艺术的价值立场是传承人类文化的责任和任务。通过文学阅读与分析训练，使学生在学理上有所提升，强化专业素养和学术能力，胜任中学语文教学，并有较大的持续发展空间。

2. 当代文学课程体系分析

（1）当代文学课程作为前置课程。当代文学课程要求学生需掌握一定的文学知识，也需了解我国当代历史。学生在学习此课程时，应具备文学理论、中国古代文学、中国现代文学以及中国当代革命史等方面的知识储备。当代文学课程的前导课程包括文学理论、现代汉语、中国古代文学、中国现代文学等。该课程安排在第三学期授课，既兼顾了其与前导课程的关联，又对其后续课程产生了积极影响。

（2）当代文学课程的知识体系。鉴于我国当代文学与现实社会的紧密联系，以及当前国家教育对应用性创新型人才的培养定位和满足地方经济文化建设的需求，本课程以学生为核心，立足于知识传授，注重能力提升，以素质培养为关键，对课程进行了全面优化和重组，形成了理论教学与实践教学相结合的课程体系。当代文学课程体系可分为以下三个主要模块。

第一，历史的线索梳理。与共和国历史相契合，在历史的基础上进行文学梳理，使学生把握我国社会主义建设各时期的政治经济文化特点及与之相应的文学表现形态和相应的文学评价机制。满足学生基础知识需求，扩大阅读视野。

第二，专题研究。通过对具体作家作品和文学现象的深度解析，培养学生的鉴赏能力，提高人文素质，并使学生形成一定的理性评判能力，能站在历史的高度去认识文学的地位与作用。

第三，项目实践。项目实践具体为：①为评论写作，以作业的形式训练、检验学生的写作能力和抽象思维能力，使学生具备一定的宏观把握能力和微观细读能力；②为课堂提问，通过对学生的提问把握其表达能力，培养其与人交流沟通的能力。

具体教学工作中，当代文学课程的教学按线性时间阶段划分，在基本文学线索梳理基础上一般分专题展开教学，依照思潮、诗歌、小说、散文、戏剧等进行专题划分，分别就其中的重要文学现象和作家作品进行重点讲授。以作家作品为经，以文学史脉络、文学现象和文学思潮为纬，重点讲授代表性的作品。

（四）文学理论课程标准

文学理论课程是高等学校汉语言文学专业学生的专业主干必修课，也是文学类课程的基础理论课。本课程在马克思主义文艺学、美学基本理论的指导下，批判继承了中国古代文论、西方文论的精华，系统阐明了文学的基本原理、基础知识，能够帮助学生掌握文学的基本规律以及正确认识和分析文学现象的基本理论和方法，培养学生创作、欣赏和评论文学作品乃至正确分析其他文学现象的能力，培养学生正确的文学审美价值观、优雅的文学审美趣味，并为其进一步学习其他文学课程、进行文学研究和语文教学以及其他文化事业实际工作提供概念范畴及方法论基础。

1. 文学理论课程目标

（1）知识目标。系统掌握文学的基本原理、基础知识和相关的研究方法，了解文学理论的发展概况，对与文学相关的基本问题有一个全面而概括的认识。系统掌握文学的基本原理、概念范畴、基本规律；掌握分析作品、文学现象的基本理论和方法；初步建立文学理论体系、丰厚专业知识素养。

（2）能力目标。在概念命题和原理接受的基础上，学以致用，注重提高学生运用正确的文艺观、审美观去分析、鉴赏、评价各类文学作品和文学现象的能力；培养学生的理论思维能力、创新思维能力，以及理解社会生活、驾驭现实人生的能力。

（3）素质目标。了解人、自然及社会，具有较为开阔的人文知识视野和人文情怀，具备健康的审美趣味和良好的发现及传播真善美的能力，拥有独立思考和独立判断的能力，形成一定的学术能力和较好的专业素养，为步入社会、继续深造打下良好基础。

2. 文学理论课程体系

（1）文学理论的前导课程。文学理论课程作为理论课程，要求学生运用抽象思维，具备一定的文学史知识和阅读积累。然而，对于刚入大学的新生而言，这一课程具有一定的挑战性。然而，鉴于该课程对于解读中外古今文学作品及文学现象具有重要作用，其开设时间不宜过晚。因此，文学理论课程安排在第二、三学期。此时，学生已学习了一学期的中国古代文学、中国现代文学等课程，具备了一定的文学底蕴和专业知识基础，有利于将理论与文学史、文学作品实际相结合，理解抽象的理论概念和规律。文学理论课程开设之际，《古代文学》《现代文学》《当代文学》《外国文学》等课程相继展开，使文学理论知识与文学史相互参照，相得益彰。

(2) 文学理论的课程知识体系。文学理论课程的知识体系结构是根据文学理论的对象和任务安排的。导论部分，着重探讨了文学理论的性质、形态以及如何理解马克思主义文学基本理论等问题。第二编讨论文学活动及其发生发展过程，讨论文学作为人类的一种活动同其他活动的共同性和差异性，着重讨论文学活动区别于人类其他活动的性质，从而揭示文学的本质。第三编讨论文学创造，根据马克思关于"艺术生产理论"，把作家的创造理解为一种特殊的精神生产活动，揭示文学创造的过程与规律。第四编讨论文学作品，以作品构成论为基础着重讨论文学作品的构成方式。第五编讨论文学的消费与接受，文学的接受理解为人的一种特殊的精神消费，既讨论这种消费与一般消费的异同，又讨论文学接受的过程和规律，从而较完整地构成了文学接受论。本课程的教学内容力图紧紧把握住文学理论的对象，并对其作扼要的、深入的阐释与研究。

3. 文学理论课程的注意事项

文学理论课程不仅是一门理论性很强的学科，而且是一门实践性很强的学科。理论学习是为了更好地指导实践，所以为了让学生系统地接受文学理论的基本概念和基础知识，并能利用文学理论知识指导文学创作、文学欣赏以及应用于中学语文教学，本课程教学始终紧紧围绕学以致用展开。秉承此教学精神，为了使理论课教学取得好的教学效果，不再枯燥、抽象、难以接受，在教学过程中，应该注重以下方面。

(1) 在教学过程中，教师应紧密结合经典文学作品及当前文学现象，以实例论证理论原理。同时，设定必读书籍，要求学生撰写读书笔记并分享阅读心得。

(2) 采用问题式教学方法，教师在授课时提出问题，引导学生查阅相关资料并书面回答，教师整理后于课堂交流。此外，鼓励学生在授课过程中随时提出问题，教师筛选并充分准备后在下一次上课时回答。这种方式旨在激发学生独立思考能力，增强问题意识，提高学习积极性，加强师生沟通，扩充知识面，开阔视野，有利于理论知识积累和拓展。

(3) 着重培养学生的理论实际运用能力，将课堂理论与阅读体验及生活经验相结合。布置小论文写作、作品赏析，关注当前文化、文学热点问题并组织讨论，撰写相关评论，针对性地进行讲评与交流。

(4) 指导式教学涉及教材中较易理解的章节，交由学生自学，撰写学习体会，进行课堂交流，教师随后针对重点内容进行阐发。这种方式旨在培养学生的自学能力，同时节省课堂时间，用于其他教学活动。

（5）在确保学生深刻理解理论的基础上，积极鼓励他们进行文学作品创作和文学评论写作。

4．文学理论课程考核

文学理论课程考核采用平时表现和期末考试成绩相结合的综合测评的考核方法：一方面，课程小论文、读书报告、作业等学习过程中的实践环节成绩占一定比重；另一方面，期末考试的考核方面除去传统的试卷考试这一形式外，引入课程论文的考核形式。就考试内容而言，加大对学生理论分析和应用能力的考查，减少单纯需要死记硬背的内容，从而更好地检测学生的综合素质和能力。成绩评定方式为：平时成绩30%+期末考试成绩70%。

第二节 汉语言文学教学中的专业课程设置

一、汉语言文学教学中的专业课程设置理论

（一）哲学理论

哲学对课程设置有着重要的影响，课程设置在一定程度上反映出高校决策者的基本哲学观。实现人的自由而全面的发展是马克思主义教育观的核心。人的全面发展理论可以概括为：①人的劳动能力的全面发展；②人的社会关系的全面发展；③人的需要的全面发展；④人的自由个性的充分发展；⑤人的精神道德观念的发展。人的全面发展就是人的综合素质的全面提高，不仅包括德、智、体、美等方面的素质，还包括每一个人在个性、道德、能力等方面与自然、社会和谐发展的素质。在现代教育课程体系中，通识课程的设置受到了这种哲学观念的影响。

教育是一种培养人的活动，课程是保证活动顺利进行的方式。汉语言文学专业课程设置是以培养具有人文素养、专业素质和科研能力的全面发展的复合型人

才为目标，这与人的全面发展理论一致。所以，人的全面发展理论为高校在汉语言文学专业课程上如何调动学生的主观能动性、培养学生的实践创新能力提供了强有力的科学基础。

（二）心理学理论

课程的主要作用是促进学生个性的发展。因此，汉语言文学专业课程设置必须符合个体发展和学生学习过程的规律，考虑学生的心理特点。课程在设置过程中需解决的是：①学校应该达到怎样的培养目标；②怎样的教学内容才能实现这些目标；③怎样才能有效地组织这些教学内容；④如何检验这些目标是否达成等，这些都属于心理学的范畴。分析课程设置的心理学基础，是优化课程设置的理论保证。

当代社会对课程产生重大影响的心理学观念主要是多元智力理论和需要层次理论。多元智力理论认为，人有七种智能，即语言智能、数学逻辑智能、空间智能、音乐智能、身体运动智能、人际关系智能和自我认识智能。根据多元智能理论可知，教师应是学生课程的代理人，其工作是帮助学生根据自己特有的智能类型、目标和兴趣，选择特定的课程和特殊的学习方法，教师应具有新的课程设计思路。因此，汉语言文学专业课程的规划与设计应涵盖有助于智力发展的课程内容。需求层次理论指出，人类行为首先源于动机，而动机的根源在于需求。需求层次理论将人类需求划分为五个层次：生理需求、安全需求、爱与归属需求、尊重需求以及自我实现需求。前四类需求构成人类的基本需求，自我实现需求则是人类最高层次的需求。这些需求在人类生命中的不同阶段均有所体现，而高等教育主要满足的是尊重需求。尊重需求涵盖信心、地位、名誉等多方面，要满足这些需求，个体需具备全面的知识和创新能力，以赢得名誉和认可。实现这一目标取决于高校对学生的培养，而课程设置则是其中关键环节。因此，高师院校的汉语言文学专业课程设置对于满足尊重需求以及为自我实现需求奠定基础具有直接影响。

（三）教育学理论

教育学理论对汉语言文学专业课程设置产生的重要影响主要体现在经验课程

理论和生活教育理论。经验课程理论将天性与社会文化相融合，强调让学生从实践经验中学习，即将学习重心从传统的"学"转变为"做"。然而，这种课程观念在实际操作中编制课程难度较大，若能够妥善解决课程制定问题，它将成为一种理想化的课程观念。在课程设置中，教师需考虑自身在课程中的角色定位、教学方法等问题。教师应关注以下问题：如何使教材成为经验的一部分；如何充分利用各种因素；教材知识如何帮助解读学生需求与行为，确定适宜的学习环境；以及如何引导学生的成长。教师所思考的并非仅限于教材本身，而是将教材视为整个成长经验中的相关因素。这种课程理论对教师教育类课程设置产生了影响，教师教育课程应增加教材分析等相关课程。

生活教育理论主张生活即教育、社会即学校、教学做合一，其内涵包括三个方面：一是将教育融入生活，使生活成为教育的载体，生活与教育应紧密相连、相互一致；二是将教育场所扩展至社会，人不应仅局限于学校这一小块教育领域，自从人类存在以来，社会就已成为人们接受教育的天然课堂，与生活紧密相连；三是将教学方法定于教学做合一，以"做"为核心，服务于实践。

二、汉语言文学教学中的专业课程设置问题与策略

（一）汉语言文学教学中的专业课程设置问题

1. 课程目标存在失衡问题

在一定程度上，汉语言文学专业课程呈现出三维目标失衡的现象。主要表现为：部分高校过分侧重于学科知识目标的实现，相对而言，对能力、过程与方法，情感、态度与价值观目标的重视程度尚待提高。在实践能力要求方面，侧重于学科技能的培养与训练，而教学技能方面的培养与训练则相对不足。

以学生学习写作为例，他们掌握了写作的理论知识，但实际操作能力却未必扎实；在学习语言学时，虽掌握了一定的语言知识，却未必能运用这些知识去分析语言现象；在文学鉴赏课程中，学生能熟记作品的主题、人物、艺术特色等，但未必懂得如何进行分析。此外，即使学生具备了写作能力，也未必擅长教授他人写作；同样，尽管他们能分析作品，却未必知道如何教导别人进行分析。这些问题凸显了当前汉语言文学专业毕业生的短板，亟待予以关注和改善。

2. 课程结构有待合理完善

部分学校在汉语言文学专业的课程结构还不尽合理，主要表现在以下方面：第一，作为教师专业素养结构中不可或缺的现代教育理念课程还需要完善；第二，专业知识与能力方面的课程也需要加强：①方法类课程，如怎样开设选修课、如何进行研究性与综合性学习、如何开发利用校本课程和校本教材等；②学科专业类课程的深度和针对性好需要加强；③教育学科知识和教育实践的相关课程也相对不足；④与汉语言文学关系不很密切的一些课程比重过大，未能根据学生实际来整合课程，导致相关专业课程在课时上受到影响。

3. 课程内容与学生联系有待增强

在汉语言文学专业课程的内容设置上，需要与学生有更多的联系。部分课程内容偏深，需要多结合学生的专业特点；部分课程内容与时代与生活的联系不够紧密，需要更多地关注学生的兴趣。在汉语言文学专业课程课堂教学中，有些教师可能仅从自己的知识储备来决定教学内容，脱离学生生活，远离社会和时代发展，部分课程内容与基础教育实际、与新课改的联系还需要加强。

在部分教材的编写或选用过程中，各类教育机构应充分彰显专业特色和学生特质。同时，教材编制应充分关注大学生的生理、心理特点及现有经验。例如，在内容组织和安排上，应在确保学科知识体系逻辑性、严谨性的基础上，增加灵活性与趣味性；理论阐述与案例分析的比例应更为合理；旨在激发学生学习兴趣，助力自主学习和探索。

4. 课程实施要加强重视学生主体

在汉语言文学专业的课堂教学方式上，有些课堂对于学生学习的主体性地位需要更加地重视。学生的主体地位如果得不到充分重视，可能会导致被动学习状态，不利用调动学习的主动性和积极性。因此，在汉语言文学专业课程设置上，单纯的讲授式教学方法需要加以完善，更加凸显学生主体性的新型教学方式。

5. 课程评价需要重视综合与全面

部分高校的汉语言文学专业的课程评价方式还未能实现功能上的根本性转变，还未能真正发挥评价的诊断、反馈、发展的功能，一定程度上还强调考试的"甄别"和"选拔"功能。汉语言文学专业的课程评价内容、方法、主体等需要真正做到全面地评价学生。在评价内容上，要对实践能力的评价加以重视；在评价方法上，终结性的笔试与过程性评价都要落实到位，需要结合学生平时的学习态度、努力程度以及进步的情况来综合考量，真正发挥学习评价促进学生改正缺点、不断进步的作用；在评价主体上，学生评价自身和同学的权利需要也要加以重视。

（二）汉语言文学教学中专业课程设置策略

汉语言文学作为一门传统学科，在我国的高等教育体系中占有举足轻重的地位。随着社会的发展和时代的变迁，汉语言文学专业课程设置面临着诸多挑战。如何适应新时代的需求，优化课程设置，提高教育教学质量，成为当前汉语言文学教育界关注的焦点。以下旨在分析当前汉语言文学专业课程设置的改进策略。

第一，课程设置现代化。随着当今学科技术文化迅速地发展，人才的要求越来越高。高校在汉语言文学专业课程设置上要面向现代化，培养全面发展并且具有较高的综合素质，具有创新意识、创新精神和创新思维，符合和适应社会进步的复合型人才。对于汉语言文学专业而言，学科专业知识不可再以传统的知识为发展价值取向，应该在课程中纳入科技发展的一些新成就和基础学科的前沿知识，这样可以满足学生的知识更新，与此同时开阔他们的视野，学以致用的能力也会更加灵活。

第二，课程设置实效化。追求课程的实效化是知识经济时代对人才的能力发展的要求。汉语言文学专业课程设置上要把经济性知识、技术性知识、实践性知识都纳入所学习的知识体系中。这样在学习和运用知识的过程中学生可以不仅发展自己的潜能、增加广博的知识，也可以提高自己适应职业的能力，为成为一名合格的教师做好充分的准备。在汉语言文学专业的课程设置中，要体现当代社会与基础教育的关系来提高学生对现代社会发展和基础教育服务的能力。

第三，课程设置人本化。教育的目的就是促进人的发展，在汉语言文学专业的课程设置中应该加强纳入理科和操作技能方面的内容，不断完善汉语言文学师范专业课程设置中可能存在的重知识、重人文而轻实践、轻科学的不足，丰富课程的科学内涵，同时均衡提高学生的科学技能和人文素养，促进师学生人格的和谐全面发展。

第四，课程设置多样化与通识化。要想提高学生的综合能力和拓宽广博的知识面，就必须在汉语言文学专业课程设置中体现课程的多样化、通识化和综合化的趋势。课程的多样化可以满足不同学生的发展需要，一般开设在选修课程中较为合适。课程的通识化可以满足学生全面发展的需要，同时发展学生的人文素养和科学素养。综合化的课程可以满足社会发展的需要。这就需要高校在汉语言文学专业的课程设置上建立发达的选修课程体系，使得通识教育、学科教育和教师教育三方面能得到全面和谐的发展。

第五，课程设置重视教育见习与实习。教育见习和实习是提高学生教学实践能力、结合理论与实践的重要途径，不仅可以促进学生学习教育理论提高自身的理论水平，还能使学生认识到教育理论对教育实践的重要作用。高校在制订汉语言文学专业课程教学计划的过程中需要做好调研工作，保障教育见习、教育实习的有质有量地进行，加强与实习学校的合作，保障学生教学实践能力的提高。

三、汉语言文学教学中专业课程设置的改革研究

（一）汉语言文学教学中专业课程设置的改革思路

汉语言文学专业课程的培养目标旨在培养"通才"，具备高尚的师德修养、扎实的专业知识、高超的教育技能、宽阔的学术视野、先进的教育理念及独立的研究能力。为实现此目标，高校需在汉语言文学专业课程中强化综合知识，拓展多学科领域，以完善学生知识结构。

在汉语言文学专业课程设置的结构改革方面，高校可适度减少课程总学时，尤其是专业课程的学时。同时，相对增加选修课总学时比例，扩大课程门数，赋予学生更大的选课自由，彰显选修课的多样性和灵活性，以促进个性发展和提高社会适应力。在通识课程中，增设科学类课程或选修课，实现科学教育与人文教育的有机结合，全面提升学生综合素质。

专业课程设置应着重强化师范性，增加教育类相关课程，如语文课程论、基础教育教材教法研究、教案设计、课程教学的组织与管理、班主任管理学等，提升学生的师范精神。同时，加强基本技能训练，如教育见习、微格教学、传统分组试讲等，重点培养语文教学实践能力。

在课程内容改革方面，高校可适当增加科研类课程，提升学生的科研水平。加大科研教学比重，如强化毕业论文写作过程管理，确保选题与开题报告的指导和论证质量，规范答辩流程。此外，根据地区和学校优势，关注地方课程与校本课程的开发，展现汉语言文学专业课程的地区和特色，培养学生热爱自然、热爱文学的情感。

(二) 汉语言文学教学中专业课程设置的改革对策

1. 加强教师培训，改变教育观念

汉语言文学专业教师的教育观念是影响专业课程改革推进的主要因素。因此，高校应通过各种方式加大专业教师队伍的培训力度，使专业教师尽快实现教育观念的更新，具备现代教育所需要的现代教育观念。高校要明确兼顾学术性与师范性的重要意义，汉语言文学专业教师不但要重视学术研究，还要积极关注教学的改革与研究。高校要及时更新有效的教育教学理论和方法。可以请专家来校进行集体培训或分期分批培训，也可以分期分批选派教师外出参加培训。

高校要结合本校实际，利用汉语言文学专业教研组开展教研教改活动，督促教师学习，让教师与教师之间团结协作、共同进步。只有这样，汉语言文学专业教师才能实现课程观、学生观、教学观、评价观等教育观念的转变，才有可能自觉按照新课改的要求相应地进行该专业的课程改革。

2. 采取激励机制，激发课改积极性

学校要采取各种措施，尤其要实施激励机制，激发汉语言文学专业教师参与课程改革的积极性，主要可以采取以下措施。

（1）物质激励是激发专业教师投入课改的重要手段。由于课程改革需要教师投入更多的时间和精力，而且许多工作难以量化，因此在考核时难度较大。为了解决这一问题，学校应当针对课程改革工作制定相应的激励政策和考核办法，给予教师一定的物质奖励。这样可以鼓励教师在课改中发挥积极作用。此外，学校还可以将教师的参与程度与晋升、晋级挂钩，进一步提高教师参与课改的积极性。

（2）荣誉激励是激发教师参与课改精神动力的重要方式。学校在运用物质激

励的同时，应综合运用多种精神激励方式。例如，当专业教师在课程改革方面表现出突出成绩时，学校要及时给予表彰，并授予相应的荣誉称号。这样可以让学生感受到自我实现的满足感和自豪感，进而激发他们积极参与课程改革的动力。

（3）正负激励相结合是确保课程改革顺利推进的关键。学校在运用正面激励调动教师积极性的同时，还应建立健全淘汰机制，实行负激励。通过设立淘汰机制，可以增强教师的危机感，从而督促他们更加积极主动地参与课程改革。只有教师真正投入课程改革中，汉语言文学专业的课改才能取得实质性的进展。

3. 提升教师入职标准，强化课程专业性

高校需要进一步规范教师管理，提升教师入职标准，从而增强汉语言文学专业课程的专业性。只有教师的入职标准提高，才能促使汉语言文学专业为增强毕业生对口就业的竞争力而加强以教师专业化为课程改革的方向，进一步增强汉语言文学专业课程的专业性。教师职业的专业化，是当今世界教育发展的共同趋势。

高校还需要强化教师管理，提升教师入职标准，严格实行教师资格认定制度，以推动汉语言文学专业的课程改革。同时，汉语言文学专业应不断增强教师专业化的自觉意识，以教师专业化为课程改革方向，以培养新型教师为己任，以成就教师专业素养为基点，改革和完善现有课程体系，增强课程设置的专业性，以适应时代发展对教师的培养需求。

4. 加强教育投入，拓展课程教育资源

为了推动汉语言文学专业课程的改革与优化，有必要提升教育投资力度，并拓宽课程资源领域。一方面，应在原有基础上增加汉语言文学专业的经费支出；另一方面，可以制定优惠政策，优化投资环境，拓宽融资渠道，积极吸引社会机构、企业及个人实体等资金注入，以完善专业课程改革的经济保障体系。

高校应提升投入力度，改造并完善该专业的现有教学设施，更新教学设备，丰富专业图书资料，尤其是满足专业教师培养需求的资源，推动专业标准化建设，为汉语言文学专业课程改革的顺利进行奠定基础。此外，还应构建完善的汉语言文学专业教育实习基地。

高校可通过共建、共管、联合、合作办学等模式，扩大汉语言文学专业的资

源布局。例如，与地方开展共建、共管、联合、合作办学等，实现汉语言文学专业资源的合理配置；加强高校间汉语言文学专业的合作，充分发挥专业特色，共享教育资源。

5. 运用课程理论，建构专业课程体系

汉语言文学专业需要运用全人发展教育理论、回归生活的课程实践观、建构主义教学理论以及多元智能理论等科学的课程和教育理论，对课程改革系统内的课程目标、课程结构、课程内容、课程实施、课程评价等诸方面进行同步变革，建构起教师培养需求的汉语言文学专业课程体系。

（1）在更高层次上建构和落实专业课程目标。全人发展教育理论认为，教育的终极目标是促进人的全面发展。因此，学校的课程目标应注重其完整性，既重视基础知识的学习，又着重培养未来发展能力；既注重学生的个性发展，也强调养成优秀品质等。汉语言文学专业课程应在更高的层次上建构和落实课程目标。

高校应在更高的层次上提出具体的专业知识和能力要求，做到学术性与师范性的有机统一。例如，汉语言文学专业要突出对学生阅读鉴赏能力的高要求，注重培养学生阅读鉴赏的能力；汉语言文学专业学生的阅读量和记诵数量应该要比基础教育阶段的要求更高。同时，汉语言文学专业学生应加强现代教育教学理论的学习，树立现代教育观、教学观、学生观、评价观等，增强新课改意识，关注新课改的最新动态，并加强教学设计和组织、交际沟通、书写表达等教学技能的训练，使学生既具有自我反思和实践创新的能力，又具有教书育人的能力。

高等学府理应致力于培养学生获取新知识的能力与方法。汉语言文学专业课程需调整过度侧重知识传授的现状，强调过程与方法的学习。本专业学生应在掌握学习、教学及科研等通用方法的基础上，进一步深入学习语文学习、语文教育以及语文教育研究的具体方法。教师作为学生态度和价值观的引领者，其日常教学及与人交往中所展现的态度和行为，势必潜移默化地影响学生，部分影响甚至可能对学生产生终身影响。因此，汉语言文学专业学生应具备独立判断、分析与解决问题的能力，树立正确的人生观、价值观和职业观；拥有健全的人格和健康的心理，能积极面对困境与挫折；秉持积极乐观的态度，以此感染、教育和激励学生；遵循教师职业道德规范，坚定教师职业理想。

总而言之，在汉语言文学专业课程教学过程中应整体把握，全面、均衡地落实课程目标，使学生获得基础知识与基本技能的过程同时成为学会学习和形成正确价值观的过程。

（2）构建与教师专业素养要求相匹配课程结构。汉语言文学专业应对照教师专业素养要求，科学规划该专业的课程设置，进一步优化课程结构，主要包括以下方面。

第一，增设相应课程，包括作为教师专业素质结构中不可或缺的现代教育理念课程、学科专业类课程、方法类课程，如学习策略及评价方法、校本课程的开发与利用、研究性学习等、对教学更具针对性的教育类课程等。

第二，强化相关课程，包括教育类课程，尤其是教育见习、实习的时限应增加，并加强组织和管理，进一步强化教育实践能力的培养。

第三，根据学生实际和课程内容体系优化相关课程设置。任何一门课程的开设，都必须考虑其价值和意义，即要有益于学生的终身发展和教师的可持续发展。因此，必须改变以教材代替课程和为课程而课程的现象，根据学生实际和课程内容体系来优化公共基础课程的设置。同时，与汉语言文学教育关系不甚密切的课程，应考虑如何删减，如何综合优化。

第四，以"整合"的方法进行课程设置。课程结构要体现综合化的特点，汉语言文学专业也要加强各个学科间的横向贯连，强化学科间的统整、交融与结合。因此，专业课程设置必须以统整的方法，重组各个学科间的横向联系，突出涵盖多个学科门类的课程模块，以打破学科之间的界限。

（3）密切联系教育和学生实际，更新课程内容。回归生活的课程实践观强调将教学活动重新融入生活领域，认为学生的生活形态不仅局限于认知，还包括理解、体验、感悟、内省、交往、探究等多重方式。只有秉持动态、实践的教学观念，才能避免教学过程过分侧重理论知识传递，转向关注人的全面发展的实践性教学。因此，课程设置应紧贴现实与学生实际。汉语言文学专业课程应结合教育和学生的现实需求，不断更新课程内容，使之与教育和现代生活更为紧密相连，符合学生的心理特质和发展需求。

汉语言文学专业课程需注重更新课程内容。各门课程在传授学科知识、培养学科能力的同时，还需关注教学方法、教学技能、教学设计、教学研究等更为广泛的教师素养培育。以写作课程为例，教学内容不应过分强调学生掌握高深的创作理论，而应侧重学生掌握基本的创作知识，熟练运用各类文体写作。因此，汉语言文学专业教师在研究和教学过程中，应着力将学科内容与教育教学实际相结合，让学生认识到这些学科知识在未来的语文教育教学中的价值，从而使学科研究更具实用性和符合教育本质。

此外，汉语言文学专业课程应适度关注学生的兴趣特点，选择兼具时代特色和生活气息的课程内容。教材编写需结合学生专业特性，改变过度侧重理论阐述的现状，适当增加案例分析等成分。同时，教材呈现方式应充分考虑大学生的生理、心理特点和现有经验，具有一定的灵活性和趣味性，旨在激发学生的学习兴趣，更好地引导学生开展自主学习和探究。

(4) 充分发挥学生学习主动性，创新教学方式。回归生活的课程实践观、建构主义的教学观以及多元智能理论的教学观都强调学生的主体性、个性和差异性，提倡发挥学生学习的主动性，汉语言文学专业课程教学应以现代教学理论为指导，改变以教师为主的传统教学方式，大胆创新，提倡自主、合作、探究的学习方式，突出学生学习的主体性地位，"让汉语言文学专业学生在课堂中切实感受到师生角色的转变以及现代课堂教学方式的转变"[①]。

第一，坚持理论与实际相结合原则。在理论性教学中，无论是学科理论教学还是教育理论教学都必须注重实际运用，其学习过程都必须注重学生的体验和感悟。例如，文学鉴赏的教学，不能仅是教师把自己的或别人的科研成果转述给学生，而应该在学生阅读原著的基础上，让学生根据某些文学理论进行分析探究，突出学生独特的阅读体验和感悟，最后通过师生对话形成对文本的能动鉴赏，让学生在自己的体验和感悟过程中掌握文学鉴赏的理论和方法，提高文学鉴赏的能力。

第二，坚持凸显学生主体性、教学方法多元化的原则。高校教学的主要特点应该是由教师直接控制转变为师生共同控制信息的传递；教师教的成分逐渐减少，学生自学的成分逐渐递增；教学方法与研究方法的相互渗透和结合。因此，汉语言文学专业课程的教学方式应该在传统讲授式的基础上，提倡自主、合作、探究的学习方式，根据教学内容和学生实际，科学地采用案例教学法、问答法、讨论教学法、实验法、材料分析法、调查研究法等。只有这样，才能培养学生关

[①] 姚锦莲. 面向新课改的汉语言文学教育专业课程改革之研究 [D]. 桂林：广西师范大学，2014：15.

于教学的方法意识，把在大学经历过的先进的教学方式有效地迁移到将来的语文教学中。

（5）重视学生发展，建构多元化课程评价体系。关于教育评估，多元智能理论主张采用多元化、过程性的评估方式，以全面、真实地评价学生。因此，在汉语言文学专业课程评价的改革中，我们应以激发学生主动全面发展以及培育专业教师为目标，构建多元化的课程评价体系，具体如下：

第一，需转变观念，实现评价功能的转变。汉语言文学专业应重视采用发展性评价对学生进行评估，并向学生传递发展性评价的理念。

第二，评价内容应多元化。全面评价师生，包括知识、能力、学习态度与方法、思想道德、身心状况等方面，不能仅满足于知识评价，而要关注学生能力和素质的全面提升，通过评价推动学生全面发展。

第三，评价方法需多元化。根据不同学科和内容灵活选择评价方法，重视过程性评价，将量性评价与质性评价相结合，综合运用笔试、口试、论文、实践操作等多种评价方式。

第四，评价主体应多元化。在对学生进行评价时，除教师外，还应根据需要引导学生、社会等各方参与评价，从而全面、真实地评价学生，促进学生全面发展。

第三节　汉语言文学教学中的专业课程改革

"汉语言文学是中国语言文学的传统学科，拥有深厚的历史底蕴沉淀，涉及知识面广泛。"[1] 我国大多数高等院校设有汉语言文学教育专业，汉语言文学教育专业担负着研究和传承中国语言文学，传授学生汉语言文学知识，提高学生汉语言文学素养的任务。在新时代背景下，汉语言文学教育专业的应用范围越来越广，并且当今的就业环境使得用人单位对高等院校毕业学生的专业素质要求越来越高，汉语言文学教育专业面临着课程教学改革的压力。在汉语言文学教育专业不断发展的现状下，以往传统教学方法和传统的教学组织形式已经不能满足新时

---

[1] 陈丽玉，袁梦. 汉语言文学教育专业课程教学改革路径探析 [J]. 教育教学论坛，2023（49）：71.

代背景下汉语言文学教育改革不断发展的需要，在教学活动中显露出许多亟待解决的问题，这些问题的存在造成了目前高等院校汉语言文学教育专业人才输出停滞不前的局面，因此需要推行汉语言文学教育专业的课程教学改革。因此，高等院校应和有关行政部门协作，梳理汉语言文学教育专业的教学现状，找出教学过程中的问题，进而主动探索改革方法，采用积极的改革措施应对，加快建立高质量人才教育体系，全面提高高等院校人才培养能力，推动高等院校汉语言文学教育专业课程改革，提高高等学院教学质量，不断向社会输送高素质的汉语言文学教育专业人才。

一、汉语言文学教学中专业课程改革的要求

汉语言作为一个广泛应用于各行各业的学科，涵盖了多领域和多层次的内容。在汉语言文学教育专业就读的学生需要具备深厚的文化涵养，才能在生活和工作中灵活运用所学知识。汉语言文学教育的基本知识对于语文教学是必不可少的，所以此专业学生需要专精于专业学习，也就是要有全面的汉语言文学教育知识素养。只有这样，学生才能在日后的教学中轻松应对各种各样的教学任务。只有具备高水平职业道德的学生，才能在未来投身于教学工作时，以身作则，树立良好的职业形象。人文素质教育在汉语言文学教育专业课程中占据重要地位，汉语言文学教育专业的学生要树立正确的人生观和价值观，在生活和教学过程中遵循社会主义核心价值观，在教学过程中适当地引导学生。因此，在学生教育过程中，需要将人文教育融入汉语言文学教育专业的课程学习过程，帮助学生树立正确的价值观，提高学生的文化素质和人文素养，这对汉语言文学教育专业的发展、师资队伍教育水平的提高和学生的健康成长有着重要的促进作用。

二、汉语言文学教学中专业课程改革的路径

第一，教材要及时更新，淘汰陈旧内容。教科书的知识内容对课程设计具有重要的规范引导作用，因此，有必要针对课堂上使用的教科书内容进行有针对性的筛选和更新，以推动汉语言文学教育专业课程的教学改革。教育部门应认真分析教材内容，清除过时的知识，并在充分考虑一线教育实践经验和师生建议的基础上，完善并补充教材的不足。同时，高校应进行全面的教育调查，整理教师和

学生对教科书内容改革的建议，由师生共同决定，选用符合教学需求的教科书。

第二，明确人才培养目标。现代社会需求的人才多为多专业复合型，培养此类人才是教育部门的责任。课程教学改革的目的也是为了培养更多高素质的专业人才。因此，如何推进汉语言文学教育专业课程改革，是学校领导和教师亟待思考的问题。为正确推进教学改革，需要将课程理念融入实践教学改革过程，明确课程人才培养目标，鼓励学生发挥主观能动性，提升学生的综合素质。以需求为导向，培养学生的综合能力，从而为社会输送所需的人才，而非传统的应试导向型人才。

第三，提高教师队伍教学能力。高等院校汉语言文学教育专业的教师首先要把精力放在"传道"上，尽最大努力为实现中华民族伟大复兴的中国梦，培养德智体美劳全面发展的社会主义建设者和接班人。因此，学校领导要高度重视选拔和培养能够教授汉语言文学教育专业课程的优秀教师，切实培养一批既有专业实践技能教学经验，又有高昂斗志的高素质教师，并在教学过程中善于进行思政教育，指导学生进行实践技能教学。在汉语言文学教育专业课程教学中，教师对课堂氛围的走向和教学效果的好坏有着决定性作用，是课堂的主导者。因此，为了推进课程教学改革，高校需要不断提高教师的教学能力，打造一支高素质的教学队伍。首先，教师必须为自己设定不断学习的目标，这将使他们在未来的生活和教学中不断进步。其次，高校应定期组织校外教师交流和现场培训，帮助教师不断学习改进课程和教学的方法，从而更有效地做好教学工作。

第四，教学过程加强思想政治教育。在思想政治教育贯穿我国高校人才培养体系的背景下，汉语言文学教育离不开思政课程理念的支持。思政课程应用领域广泛，需以系统化思维开展教学，将课程建设要求、教育理念及思想内容融入汉语言文学教学的全过程，包括教学目标、教学内容、课程体系设计以及教学方法创新，从而切实履行高校立德树人的根本使命。卓越的教师应擅长运用课程思想理论提升学生政治素养，善于提炼教学改革实践的策略，构建改革整体框架，明确教学思政改革要素，选择具有强烈思想指导性和多样化实践形式的重要课程，结合学生创新创业比赛、社会实践活动、读书研讨会、演讲表演比赛等载体，运用互联网获取并整合丰富教学资源，在课程中展示，丰富学生感官体验，提高学习主动性和成效，激发学生主观能动性，使学生体验到汉语言文学的魅力，提升教学质量，促进专业实践课程与思想政治理论课的互动与融合。通过挖掘文学课程中文学作品的红色元素，培养学生正确的世界观、人生观和价值观，这是提升学生思想道德素质的重要途径。

第五，培养学生的人文素质内涵。汉语言文学教育专业的教学不仅可以提高学生的文学语言能力，丰富学生的文化底蕴，而且对于塑造学生的人格特质也发挥着重要的作用。通过学习汉语言文学，尤其是提炼文学作品中的红色元素，学生可以亲身体验和理解世界优秀文化的本质和内涵，树立正确的价值观，培养自己对生活的热情，并将这些人文素养转化为学习和生活的精神动力，为未来发展打下坚实的基础。高等学校应该重视对学生人文素质的培养，帮助学生树立正确的价值观，把培养学生的文化素质和提高学生的文化内涵作为高等学校人文素质教育的主要内容。在汉语言文学教学过程中，高等学校应该在秉承人文素质教育的思想下，采用丰富多样的教学方法，充分利用汉语言文学本身具有的传统文化内涵，采用情景化、简约化的教学方法，架构起科学合理的汉语言文学教育教学情境，引导学生深入体会汉语言文学中的文字之美，激发学生对汉语言文学学习的兴致，提高学生对汉语言文学的切身感受体会，增强学生对汉语言文学的鉴赏能力。教师要结合教学实践加强相关人文教育和专业课程的融合，引导学生掌握课程中的重点和难点，丰富学生的知识储备，优化学生的知识结构，增强学生接受知识的能力，提高学生的文化水平，陶冶学生的道德情操，提升学生人文素质的培养效果。

思考与练习

1. 详细论述汉语言文学教学中的专业课程设置理论。
2. 当前汉语言文学专业课程设置的改进策略主要有哪些方面？
3. 汉语言文学教学中专业课程改革的路径是什么？

第四章　汉语言文学教学的模式方法

第一节　汉语言文学教学的模式构建

一、汉语言文学教学中的现代汉语教学模式

"作为高校汉语言文学专业的基础课程，现代汉语语言结构复杂，理论性较强，同时教学模式单一，学生主体性不够突出。"[1] 这导致学生学习积极性不高，教学效果不理想。对此，积极转变教学模式，采取针对性措施，提高学生的自我管理能力，主动调整学习策略尤为关键。汉语言文学专业中现代汉语教学的新模式主要从以下五方面探讨。

（一）讲授式教学

讲授式教学适用于曾经接触过，但理论性、系统性显著增加的课本内容教学，如在声调的性质和作用的教学中，学生以传统思维认识所学内容必然会出现实践上的失误。对此，可按照教师导学、学生自学、学生讲授、教师质疑、练习巩固的程序展开教学，指导学生声调读法，纠正声调错误。首先，让学生围绕问题分析教材，学生在自学的基础上逐步熟悉教材内容，同时整理与讲解内容中的重点与难点；其次，教师指出学生的理解错误，帮助学生捋顺思路、整理要点，帮助学生明确结论；最后，教师根据学生知识掌握程度布置课后练习，加深学生学习印象。这种教学模式不仅能够突出学生的主体地位，而且能够发挥教师在教学中的主导作用，在培养学生理解能力的同时，提高学生融会贯通的能力。

---

[1] 王玥. 汉语言文学教育与教学方法的创新研究 [M]. 延吉：延边大学出版社，2020：18.

（二）启发式教学

启发式教学适用于难度较大且未接触过课本内容的教学。教学程序涉及教师讲解、精选巧练、学生质疑与教师总结几个环节。接触全新教学内容，还需教师以讲练结合的教学方式引导学生集中注意力、主动思考与探索，最终让学生在学习中发现并解决问题。采用知识点加实例的教学方法，有利于学生理解知识并对知识点进行归纳。

（三）引发式教学

引发式教学突出师生的互动性。教学程序涉及教师导课、学生回答、师生互动、学生总结，适用于难度大、较为熟悉，且与中学课本相比改动不大的内容。学生按照传统思维理解教学内容，容易认识片面且对思维能力的培养作用不大。对此，教师需要巧妙设计问题，引导学生敢于质疑，培养学生的钻研精神和思维能力。在课程导入环节，教师可向学生展示包含教学内容重点、难点的题目，引导学生回答问题，让学生认识到浅层认识所学知识点的错误性与片面性，产生教学疑问；在师生互动环节，教师引导学生发现问题，分析并了解问题原因；在总结环节，教师让学生各抒己见，并引导学生多次整理观点，得出规律性、系统性的结论。师生间的双向互动与有效的沟通交流，会产生思想碰撞与思维联动。教师根据学生的疑问展开针对性的分析，引领学生思维发展，使教学效果事半功倍。

（四）研讨式教学

研讨式教学侧重理论与实践的结合。这种教学方式适用于重点章节教学，以此培养学生的综合能力，使其学习到更多、更实用的知识。教学程序涉及学生回顾、教师总结、练习研讨等多个环节。首先，学生在教师的引导下，对知识点进行回顾，教师可以通过三角形知识结构图、树形图、表格等形式指导学生，实现新旧知识点关系的有效衔接，尤其是对零碎知识的梳理、归纳、整合与分类，明确知识点的来龙去脉和纵横联系，从整体上把握知识结构，实现教学内容的连贯、完善知识体系。理论部分知识点多且杂，教师需要启发学生做好知识点梳理，整体把握所学内容。实践部分，教师要加强对练习方式的指导与纠正。在练习研讨阶段，教师应围绕共性问题，灵活设计练习进行探讨，突出学习实用性，确保启发教学的有效落实。但在实践中应当注意以下方面：一是设计练习研讨题目，应当在内容、形式等方面进行创新，以实现高层次的练习。二是多引导，用比较的方式分析问题，提高学生分析、判断等综合能力，实现对理论知识的直观理解。如选用恰当的相声、小品、笑话等，培养学生兴趣；或是选用相关诗文、寓言故事等，提高学生审美感受；也可以利用名人名言，提高学生分析、运用语言的能力，同时感受句型句式、修辞方法间的巧妙结合。三是注重新科研成果的合理应用，减少因教材滞后带来的不良影响，同时培养学生探索语言科学的兴趣。

（五）实践式教学

实践式教学注重突出学生的主体地位。教学程序涉及学生自学、学生讲授、教师讲评与练习巩固，适用于朗读等学生熟悉的课本内容教学。对学生施以灌输式教学并不能提高其学习的积极性，应当突出学生的主体地位，让学生参与教学过程，减少厌学情绪。在自学阶段，教师要提前布置好预习内容和任务，同时加强教材内容的分析与整理，合理制定教案；在学生讲授阶段，教师要让学生按照个体思维自主理解教材内容，并鼓励学生讲述个人见解；在讲评阶段，主要是教师给予学生知识性点播；在练习巩固阶段，主要是教师通过设计梯度性练习题的方式，检验与巩固学生所学知识，提高学生知识掌握程度。同时，根据学生学习情况，调整教学策略，为针对性教学奠定良好的基础。

二、汉语言文学教学中的开放教育模式

汉语言文学专业是指研究中国汉语的词语、句法，赏析中国古典、现代等经典文学作品，熟悉相关新闻、图书编辑出版基础知识的一门学科。汉语言文学专业教学的目的是培养学生扎实的汉语功底和写作能力，让学生具备评价我国文学作品、编辑和出版作品的能力，同时培养学生的文化素养，拓宽学生的知识面。传统教育模式主要是依靠教材提供知识，教师进行讲授，学生获取汉语言文学知识的渠道单一，获取的知识非常有限，教学手段和教学形式也比较单一，违背了

汉语言文学专业拓宽学生知识面，培养学生人文素养、写作能力和文学评价能力的教学目标。因此，我国汉语言文学专业教学必须进行改革。本节主要采用文献分析法、比较法、实例分析法等，分析了开放教育模式的特征与教学理念，分析了开放教育模式下的汉语言文学专业教学改革，旨在为开放教育模式下汉语言文学专业教学改革研究提供参考依据。

（一）开放教育模式

1. 开放教育模式的教育理念

开放教育模式与传统教育模式最大的区别是教育理念的改变。开放教育模式主要有三个核心教育理念，分别是服务理念、平等理念和协作理念。服务理念是指在开放教育模式下，教师不是指挥、强迫学生学习，而是将学生放在第一位，一切以学生和学生的学习为中心。开放教育模式中一切都要为学生和学生的学习让位，因此，构建开放教育模式的第一步是转变教学理念，树立良好的服务理念。平等理念是指在教学过程中教师、学生的地位平等，和学生交流是教师的主要工作形式。教师从传统的被迫交流转化为积极主动交流，教师从传统的单向知识传播者向交流者转变。协作理念是指开放教育模式中教学手段和形式丰富多样，教学已经不能像传统教育一样单靠一个教师便能解决一节课程，开放教育模式下教学需要多个教师、多项现代化技术等进行协作教学。例如，网上文言文语言教学直播、疑难解答，需要文言文教学部门、网络通信技术部门、文言文专业教师团队、网络系统维护工程师等多方紧密协作才能完成。

2. 开放教育模式的特征分析

相较于传统教育模式，开放教育呈现出以下三个关键特征。首先，开放教育模式将学生及其学习作为教学重心，摒弃了传统教育以学校、教材、课程、教师为中心的束缚，这成为开放教育模式与传统教育最鲜明的区别。其次，开放教育以现代先进信息技术和多媒体技术为主要教学手段，不同于传统教育单纯依赖书本和笔进行面对面课堂教学的模式。再次，开放教育模式克服了时间、地点和条件等因素的限制，为全社会有学习意愿的人群提供便捷途径。这三个特征共同构成了开放教育模式的核心要素，缺失其中任何环节都无法形成完整的开放教育模式。因此，开放教育模式可理解为一种依托现代先进信息技术、多媒体技术等手段，以学生和学习为核心，为全体求学者提供教学服务的教学模式。

（二）开放教育模式下汉语言文学专业的教学改革

1. 教学理念的改革

传统教学模式围绕教材、教师和学校课程安排教学，课堂教学主要依靠教师，教学理念是以教师为主、学生为辅。教师有时会忽视学生的主观感受和意向，导致教学与学生的需求相背离。在强迫学习的环境中，学生将学习汉语言当成包袱，会使学生在长期的压迫下丧失学习兴趣。针对传统文言文专业教育存在的问题，开放教育模式下汉语言文学专业教学应首先改革教学理念。树立汉语言文学专业教学的服务理念、平等理念和协作理念，利用开放教育的先进教学理念构建开放教育模式下的汉语言文学专业教学模式。在汉语言文学专业教学过程中，将以教材、课堂、学校、教师为核心的教学理念向以学生和学生学习为核心的理念转变。树立汉语言文学专业教学的协作教学理念，调动多方资源协助教学，充分整合汉语言文学专业的教学资源，实现最优资源配置，提高教学资源利用率，进而提高汉语言文学专业教学效率和质量。

2. 教学手段的改革

根据我国汉语言文学专业的特点可知，阅读是提高汉语言文学专业学生人文素养、写作技能、获得基础语言知识的重要手段，汉语言文学专业教学离不开大量的阅读资源，因此开放教育模式下的汉语言文学教学改革需要整合教学资源。整合教学资源的具体措施是利用现代网络技术收集、归纳社会上的我国文学精品，辅助汉语言文学教学，整合多元化专业知识资源，为学生提供更好的资源服务。传统教学手段注重教师的教学，手段单一，学生只是被动单向地接受知识，失去主动学习汉语言文学的积极性。语言文学专业教学的改革应注重教学手段的改革，校内课堂以采用传统教学手段为主，现代教学手段为辅。校外远程开放教育以现代教学手段为主，传统教学手段为辅。汉语言文学教学手段应利用现代化技术，丰富教学手段和形式，为校内外想学习汉语言文学专业知识和技能的学生提供帮助。如利用网络技术、双向视频技术等，构建网上汉语言文学专业直播疑难解答，构建远程面对面集中授课，完善汉语言文学专业的共享平台，安排专业维护共享平台的教师，及时为学生解决汉语言文学专业教学中遇到的难题，开发有针对性的教学模式。

3. 教师素质的提升

教师素质的提升是各类学科、各种教学模式下的关键因素。汉语言文学专业教学，对教师在该领域的专业知识要求更为严格。如果教师未能掌握充分的汉语言专业知识，将难以胜任汉语言文学专业的教学任务。因此，汉语言文学专业的教师培训首先应着重于加强其专业知识体系，通过提升教师的专业素养，使其在学生心中树立权威形象，赢得学生的信任，从而提升教学质量和效率。

在社会发展日新月异的背景下，汉语言文学专业的教师应不断吸收新知识，加快知识更新的速度，提高自身汉语言文学专业知识水平，以便为学生提供更优质的教学。此外，教师还应积极学习现代化教育技术知识，熟练掌握现有教育技术，以适应教育信息化的发展趋势，提升教学效果。

三、汉语言文学教学中的研究性学习模式

（一）研究性学习模式及其特点

研究性学习模式是指在教学过程中，教师引导学生通过独立探究、发现问题、解决问题的方式，实现对知识的理解、应用和创新的一种教学方式。在汉语言文学专业教学中，研究性学习模式有助于提高学生的文学素养、培养其批判性思维和创造性思维。此外，研究性学习模式，作为一种新兴的教育模式，在我国教育领域正逐渐受到广泛关注和应用。其特点主要表现在以下三个方面。

第一，研究性学习模式高度重视学生的主体地位。在这种模式下，教师的角色发生了深刻的转变，从传统的知识传授者转变为引导者和助手。这一转变意味着教师不再是课堂上的主角，而是学生学习的辅助者和指导者。这样的教学理念，有助于激发学生的学习兴趣，培养学生的自主学习能力，使学生在学习过程中更加积极主动。

第二，研究性学习模式强调实践的重要性。在这种模式下，学生不仅要在课堂上学习理论知识，还要在实际操作中将其与所学知识相结合。这种做法旨在提

高学生解决问题的能力，使他们能够在面对实际问题时，运用所学知识迅速找到解决方案。对实践性的强调，有助于培养学生的动手能力和实际操作技能，使他们在今后的生活和工作中能够更好地应对各种挑战。

第三，研究性学习模式大力鼓励学生创新。在这种模式下，学生有了更广阔的思考空间，可以充分发挥自己的想象力和创造力。这样的学习环境，有利于培养学生的创新意识和创新能力。在当今这个快速发展的时代，创新能力已经成为国家和个人竞争力的重要组成部分。研究性学习模式为我国培养了一批又一批具有创新精神和创新能力的人才，为国家的繁荣发展做出了巨大贡献。

（二）汉语言文学教学中研究性学习模式的实施

第一，课程设置与教学内容的调整和创新。为了更好地在汉语言文学教学中实施研究性学习模式，高校首先要对课程设置进行调整。增加选修课和专题讲座，以满足不同学生的兴趣和发展需求。此外，教学内容也应注重理论与实践相结合，关注学科前沿动态，以此来激发学生的求知欲。这样，学生在学习过程中既能掌握基本理论知识，又能锻炼实践能力。

第二，提升教师队伍的教育教学水平和科研能力。教师是研究性学习模式的关键推动者，因此，高校应加强教师队伍建设，提高教师的教育教学水平和科研能力。教师在教学过程中应注重与学生的沟通与互动，充分调动学生的积极性，引导他们进入学术讨论的氛围。同时，教师应不断充实自己，关注学术动态，以便为学生提供更多学术资源。

第三，教学方法的改革与创新。在汉语言文学专业教学中，教师应灵活运用多种教学方法，如启发式、讨论式等。这些教学方法有利于引导学生主动参与学术讨论，培养学生的问题意识和探究能力。此外，还可以利用现代信息技术手段，如网络、多媒体等，为教学增色添彩，提高教学质量。

第四，实践平台的创设与拓展。高校应加强与企事业单位、研究机构等的合作，为学生提供实践机会，使其在实际工作中锻炼能力。这种实践不仅能够巩固学生的理论知识，还能帮助他们了解行业动态，为将来的就业打下基础。同时，高校还应搭建学术研究平台，鼓励学生参与课题研究，提升其研究能力和创新意识。

第五，评价体系的改革与完善。为了更好地实施研究性学习模式，高校还需改革评价体系。评价体系应注重学生的过程表现，而非单一的考试成绩。这样可以鼓励学生在学习过程中积极参与、主动探究，培养他们的研究能力和创新精神。同时，评价体系还应充分考虑学生在实践环节的表现，以激发他们的实践积极性。

总之，实施研究性学习模式，需要从课程设置、教师队伍建设、教学方法改革、实践平台创设、评价体系改革等多方面入手。通过这些措施，有望提高汉语言文学专业的教学质量和学生的综合素质，为我国培养更多优秀的汉语言文学人才。

四、汉语言文学教学中的翻转课堂模式

（一）汉语言文学教学中翻转课堂模式的认知

翻转课堂是一种创新的教学模式，该模式通常与信息技术密切结合，通过颠覆传统的教学方式，改变学生的学习角色，实现学生的自主学习和深度思考。在汉语言文学教学领域，翻转课堂模式被广泛应用，有助于学生开拓思维空间，提高学习效果。翻转课堂的核心思想是改变课堂教学的时间和空间安排。传统的教学模式中，教师通常在课堂上讲授知识，学生在课后去消化理解。而在翻转课堂中，学生在课前自主学习相关的知识和概念，通过阅读、观看教学视频等方式获取基础知识。课堂时间则用来进行讨论、互动和实践活动，以促使学生深入思考和应用知识，学生在课堂上更多地扮演主动学习和思考的角色，而教师则变成了学习的指导者和引导者。

1. 汉语言文学教学中翻转课堂模式的优势

在汉语言文学教学中，翻转课堂模式呈现出以下三种优势。

（1）翻转课堂有助于促进学生主动思考及独立学习能力的发展。在传统教学模式下，教师主导课堂，学生则处于被动接受知识的状态。然而，在翻转课堂中，学生需要在课前主动研读教材进行预习，初步理解，并提出问题。课堂上，学生通过讨论、互动和实践，更加深入地理解和运用知识，培养自己的思考和解决问题的能力。

（2）翻转课堂有助于提升汉语言文学教学的效果及质量。借助翻转课堂，学生可在课前通过自主学习吸收知识，课堂上则进行深入思考和讨论，更好地理解和应用知识。这种教学方式更能激发学生的学习动力，提高学习效果。同时，翻转课堂为教师提供了更多关注学生学习状况的时间和空间，实现教学的精细化和个性化。

（3）翻转课堂有助于提高学生的学习兴趣及参与度。在进行传统课堂教学时常出现学生被动听课、缺乏主动性的现象。而翻转课堂使学生在课前通过多种方式主动学习，提前接触和思考相关知识，从而提高对课堂的兴趣和参与度。课堂上，学生可与教师和同学进行互动和讨论，积极思考和交流，进一步激发学习热情。

2. 汉语言文学教学中翻转课堂模式的运用原则

在实施汉语言文学教学翻转课堂时，需要注意以下五方面。

第一，要科学设计学习任务和资源。在课前，教师需要精心选择和准备相关的学习材料和资源，确保学生能够获得具有启发性和有针对性的学习任务，这些学习资源可以包括文学作品、阅读材料、多媒体资源、互动演示等，也可以通过课堂讲解、小组讨论、个人作业等形式呈现给学生。

第二，要合理安排学习时间和空间。在翻转课堂中，学生在课前通过学习资源进行自主学习，课堂时间则用来深入讨论和解答问题。因此，教师需要合理规划学习时间，确保学生有足够的时间进行预习和准备。

第三，教师应积极鼓励学生参与和合作。翻转课堂注重学生的主动学习和合作学习，教师可以组织学生进行小组讨论、互助学习等活动，促进学生之间的交流与合作。

第四，教师应提供适当的学习指导和支持。在学生进行自主学习的过程中，他们可能会遇到问题。教师需要及时回答学生的疑问，提供必要的指导和支持，确保学生能够正确理解和掌握知识。

第五，要及时评估学生的学习效果。教师应该设计相应的评估方式，对学生的学习成果进行评估和反馈，这可以通过课堂讨论、作业、小测验等形式进行。

总而言之，实施汉语言文学教学翻转课堂时，需要注意科学设计学习任务和资源、合理安排学习时间和空间、提供适当的学习指导和支持、鼓励学生的参与和合作，以及及时评估学生的学习效果，这些措施可以更好地促进学生的学习和提高教学效果。

（二）基于翻转课堂模式的汉语言文学教学策略

1. 迁移基础学习内容，使课堂教学有针对性

作为一门最基础的核心学科，汉语是每个中国人自幼便开始学习且终身使用的语言，与之紧密相关的汉语言文学更是一项长期的系统性工程，需要充分积淀才能实现从量变到质变的飞跃。因此，仅仅是课堂上短短数十分钟的教学于汉语言文学的系统性而言只能是杯水车薪，因此新时期汉语言文学教学构建翻转课堂的首要策略，就是利用翻转课堂迁移基础学习内容，提升课堂教学针对性。

换言之，教材、课本上基础性、学识性的概念与内容都可以迁移到课外，利用线上平台制作成主题课件，由学生在课余时间自学。比如对新课内容进行预习，事先通读并结合教师的视频课件形成初步印象，再就其中出现的疑点、难点等问题进行归纳总结。开始课堂教学时，学生可以将课外预习时发现的问题向教师询问，课堂上重点答疑解惑，在有限的课堂时间内便能发挥出最关键的释疑作用，从而大幅提升教学的针对性和有效性。而在课后复习时，学生又可以结合视频课件进行巩固，并通过视频课件上附带的测试题目进行自检自测，从而实现预习和课堂学习内容的内化与固化。

利用翻转课堂迁移基础学习内容能够形成一人一策的个性化教学模式，学生在自学过程中发现自身缺陷和不足加以修正和弥补，且能不限次数地回看并复习，同时结合线上测试等方式逐步摸索一条最有效率、最能被接受和认同的规律与习惯，从而发展成主动探究式学习，而这恰恰是形成教育针对性的核心与重点。

2. 提高学习自主性，培养终身学习意识

汉语言文学的人文性来自悠久的历史和厚重的文化积淀，这些与时间相关的内在特点决定了这一专业的学习将伴随学习者终生，如同美酒愈陈愈香。因此，新形势下汉语言文学教学构建翻转课堂还需要分组合作提升学习自主性，培养终身学习意识和能力。

合作式学习比较适合主题式探究，教师利用视频课件为学生小组布置课后练

习，采取多选主题形式，由学生小组自行商议并选择，再由学生小组内成员自行安排分工，最后呈交学习报告或小组论文。

分组合作的学习方式不仅有助于学生提高主动学习的积极性，而且小组合作过程也是学生练习口头表达与文字表达的机会。而且，小组合作也有利于学生培养团队精神与合作意识，这对未来的社会生产与工作同样有极大的助益与促进。

3. 完善考核评价体系，优化考试形式与内容

汉语言文学虽然缺少高度对应的职业或职务，然而各行各业都无法完全脱离这一专业而存在，其对现实职场的间接影响才是这一专业的价值与意义所在。因此，新时期汉语言文学的教学质量应当结合这种趋势特征，优化考核评价体系，丰富考试形式与内容。将汉语言文学的考核与真实职业相关联的考核不仅较一纸试卷更具挑战性，且从根本上避免一些学生希望通过死记硬背蒙混过关的侥幸心理，有助于学生端正学习态度，从理论知识与实践技术两方面严格要求自己。

总而言之，作为全球使用人数最多的语言，汉语拥有数量庞大的人口基数，从而促使汉语言文学成为学习者数量最多、受众基础最为扎实的专业学科之一。翻转课堂能够将大量基础性内容迁移至课外，通过线上自主学习实现更快普及后，有限的课堂时间便可用于答疑解惑并充分提高教学的针对性。"不仅如此，翻转课堂的构建还有助于汉语言文学与其他应用专业实现跨界融合，从而突破传统模式下缺少实用性的局限，这不仅是汉语言文学基于翻转课堂模式优化教学形式的重要途径，也是这一重要人文学科借助现代信息化手段实现转型升级与可持续发展的必由之路。"[①]

第二节　汉语言文学教学的具体方法

一、现代汉语的教学方法

第一，建立教学目标。现代汉语教学不仅是为了提高学生现代汉语知识掌握

---

① 朱圣男. 汉语言文学教学构建翻转课堂的策略分析 [J]. 经济师，2021（2）：180.

度，更是为了培养学生语言素养，以及实际运用、分析理解等综合能力。对此，现代汉语教学目标应涉及语言分析与研究能力、实际能力、基本知识三个方面。除此之外，还需结合学生的个体差异、就业走向、专业特色等，制订教学目标，提高学生的学习效率，确保教学的针对性与效果。各种现代汉语教学新模式的应用都是建立在学生意识到学习汉语的重要性基础上的，加强学生对现代汉语重要作用的认识尤为关键。应根据教学内容、专业特征、就业方向等合理采用教学模式，确保教学效果的同时，实现教学目标，培养学生的专业性发展意识与能力。

第二，拓展思维。为进一步提升学生综合素质，教育工作者需关注思维拓展训练的强化，同时强调现代理论知识与实践技能的融合，从而拉近与学生的距离，引领他们紧跟时代步伐。在教学过程中，教师可巧妙运用网络流行语及网络谐音语言等元素，为知识点赋予生活化诠释，激发学生思维扩散，使他们能够将现代汉语知识应用于日常生活。特别是在信息时代背景下，现代汉语教学应更加注重网络、多媒体等现代教学手段的运用，以促进学生更好地吸收与领悟相关知识。

第三，提高学习的自主性。现代汉语教学课时少，课上学习与课后练习缺乏主动性，学生难以有效掌握学习内容。为提高学生的学习主动性，教师需要加强学生的课前预习能力，利用慕课、翻转课堂等形式，在线提醒学生围绕学习问题自主观看教学视频或自主复习书本知识，鼓励学生在线提出问题；或通过讨论，在线帮助其他同学解决问题。在课堂上，教师需要加强问题设计，调动学生参与及分析问题的积极性。在课后复习过程中，教师可向学生推荐相关的复习软件、书籍等，帮助学生快速巩固所学知识，同时也可以延展知识点，让学生通过复习与反思，不断提高学习效率。

第四，提高学习的积极性。兴趣是学生学习以及坚持学习的重要基础，唯有提高学生学习的积极性，才能确保学生有效参与教学活动。但现代汉语教学受传统观念的影响，教学课堂氛围不活跃。课程教学应当注重与学生的互动，切实发挥学生的主体意识，让学生参与教学活动。例如，可以在教学中，利用口诀等方法加深知识点记忆，提高学生的学习兴趣。除此之外，教师还要注重与学生间的沟通合作，减少学生畏惧与厌学的心理。注重教学情境的创设，提高学生学习兴趣的同时，培养学生的主观能动性与创造力。

第五，提高学生的创新能力。提高学生的创新能力离不开教师的引导与设计。在现代汉语教学中，师生易受传统的灌输式教学理念影响，导致学习缺乏创新性，因此，提高创新能力尤为关键。首先，教师应引导学生发现汉语知识背后的真理、背景与故事，加深对知识点的理解。其次，在练习研讨中，可通过小组合作学习的方式，培养学生举一反三的能力，以及学生对所学知识点的好奇心。

二、汉语言文学审美教学方法

汉语言文学作为我国传统文化的重要组成部分，不仅承载着丰富的历史文化底蕴，更是中华民族优秀传统文化的传承与发展。在新时代背景下，如何运用审美教学方法激发学生对汉语言文学的热爱，提高他们的审美素养，成为教育工作者们关注的焦点。以下探讨汉语言文学审美教学方法。

第一，注重情感激发，激发学生兴趣。在进行汉语言文学审美教学时，教师应关注学生情感态度的培养，激发他们对文学作品的热爱。通过讲述作品背后的故事、作者生平以及创作背景，引导学生产生共鸣，从而激发学生对文学作品的兴趣。此外，教师还可以运用现代化教学手段，如影视、音乐等，使学生在多种感官的体验中感受汉语言文学的魅力。

第二，重视作品细读，提高审美能力。审美教学方法的实施需以作品细读为基础。教师应引导学生深入剖析文学作品的语言、形象、思想内涵等方面，培养他们独立思考、发现问题和解决问题的能力。在此过程中，教师可采用比较分析、文本细读等方法，帮助学生领略作品的艺术魅力，提高他们的审美能力。

第三，强化实践环节，培养创新精神。汉语言文学审美教学应注重实践环节，鼓励学生积极参与各类实践活动。如组织学生进行文学创作、举办诗歌朗诵会、开展戏剧表演等，使学生在实践中提高自己的审美素养。此外，教师还可引导学生关注现实生活，以创新的精神对待传统文学，培养具有时代特色的文学新人。

第四，融入团队合作，提升综合素质。在教学过程中，教师可采用分组合作、讨论交流等方式，让学生在团队合作中提高自己的审美素养。团队合作有助于培养学生沟通能力、协作精神和批判性思维，从而提升他们的综合素质。同时，教师应关注学生个体差异，因材施教，使每个学生都能在团队中发挥自己的优势，实现个性化发展。

第五，拓展课外资源，开阔审美视野。汉语言文学审美教学应充分利用课外资源，拓宽学生的知识视野。教师可推荐学生阅读经典文学作品，组织参观文学馆、博物馆等活动，让学生在实践中感受文学的魅力。此外，教师还可引导学生关注国内外文学动态，提高他们的审美鉴赏能力。

三、新媒体环境下汉语言文学教学方法

随着科技的飞速发展，新媒体环境已经渗透到我们生活的方方面面，教育领域也不例外。在这个背景下，汉语言文学教学方法也面临着前所未有的挑战与机遇。如何适应新媒体环境，改进教学方法，提高教学效果，成为汉语言文学教育工作者关注的焦点，具体从以下六方面进行探讨。

第一，创设情境，激发兴趣至关重要。在新媒体环境下，教师可以利用丰富的网络资源和技术手段，设计与教学内容相关的情境，将学生带入一个生动、立体的学习环境中。这样既能激发学生的学习兴趣，又能提高教学效果。例如，通过播放与课程内容相关的影音资料，让学生在感受文学魅力的同时，加深对作品的理解。

第二，以问题为导向，深化学习是新媒体环境下汉语言文学教学的重要策略。教师应引导学生在新媒体环境下开展探究式学习，培养学生的独立思考能力和解决问题的能力。问题可以是课程内容的延伸，也可以是热点话题的讨论。通过提问、回答、讨论等方式，让学生在思考和交流中不断提高自己。

第三，线上线下相结合，拓展教学空间。将线上教学与线下教学相结合，打破时间与空间的限制，为学生提供更加灵活、多样的学习方式。线上教学可以充分利用网络资源，如慕课、微课等，让学生自主学习；线下教学则注重师生间的互动与交流，解答学生的疑问，指导学生的学习方法。

第四，小组合作，促进交流与互动。通过小组合作形式，鼓励学生在新媒体环境下开展合作学习，促进师生之间、学生之间的交流与互动。小组合作可以围绕某一主题进行，如文学作品鉴赏、文化现象分析等。在合作过程中，学生可以分享自己的见解，倾听他人的意见，取长补短，共同提高。

第五，实施个性化教学，满足不同需求。借助新媒体技术，教师可以针对学

生的个性化需求进行有针对性的教学，提高教学效果。个性化教学要求教师关注学生的兴趣、特长和需求，为学生量身定制学习计划，提供差异化辅导。

第六，融合现代技术，创新教学手段。运用现代技术手段，如大数据、人工智能等，为汉语言文学教学提供智能化支持。例如，利用语义分析技术，分析文学作品中的关键词、主题等信息；运用虚拟现实技术，为学生呈现真实的历史、地理场景等。这些都有助于提高教学质量，提升学生的学习体验。

总而言之，在新媒体环境下，汉语言文学教学方法的改革与创新具有重要意义。通过创设情境、问题导向、线上线下相结合、小组合作、个性化教学和融合现代技术等途径，我们可以培养学生的兴趣和素养，提高教学效果，为汉语言文学教育注入新的活力。

第三节 汉语言文学的现代教学优化

一、网络环境下的汉语言文学教学优化

互联网的出现及应用，为人们的生产生活提供了巨大的便利与支持，如今，我们已经无法离开网络，越来越多的网络教学资源也实现了高效的应用，极大地促进了我国教育事业的良性发展。但就汉语言文学教学现状来看，教师无论是教学模式还是教学方法，均存在一定的问题，使汉语言文学的教学效果受到了较大的影响。对此，教师应及时借助互联网技术，实现教学理念和教学模式的不断更新，推动汉语言文学建设，进而提升学生的汉语言学习能力及教学效率。

（一）网络环境下汉语言文学教学优化的特点

1. 突出学生学习的主动性特点

在传统的汉语言文学课堂教学中，教师多采用直接灌输知识的教学模式，严重降低了学生的学习主动性。并且受课堂授课时间的影响，教师一般只讲授课本知识，鲜少涉及课外知识及更多未知领域的知识探讨，导致学生的汉语言文学知识储备十分有限。在这一背景下，教师可借助互联网技术来不断创新教学模式，

以学生感兴趣的形式来展开教学，引导学生进行汉语言文学知识的深度学习。此外，网络环境下多样化的汉语言文学教学模式打破了以往教师单向输出的困境，实现了师生的双向交流，可在节省课堂时间的同时，有效提高教学效率。

2. 具有专业交流的便捷性特点

汉语言文学教学强调不仅要关注课本上的知识，更重要的是做到学以致用，引导学生将自己掌握的知识运用到实际生活与学习中，充分体现汉语言文学的积极意义。通过借助互联网技术，教师可开展与汉语言文学密切相关的一些教育活动，在增强学生学习能力与实践能力的同时，为其长远发展奠定良好基础。

3. 体现专业知识的完善性特点

在汉语言文学教学中，仍有许多知识存在争议，未给出一个明确答案，使得教师与学生在探讨时感到十分困难。并且不同地区及学校采用的教材版本有着一定的偏差，学生想要更为全面的掌握汉语言文学知识便需要投入大量的精力与时间。在网络环境下，教师可利用互联网技术向学生展示全球的最新资讯，并在讲解教材章节时采用电子版本进行知识的巩固。同时不同高校还可将相关的汉语言文学教学研究成果共享到相关平台上，供社会各界学习。

（二）网络环境下汉语言文学教学优化的策略

1. 为学生提供学习平台

长期以来的汉语言文学教学倾向于"重理论、轻实践"。为改变这一现状，教师应在引导学生进行深度思考的同时，积极申请采购与互联网技术相关的先进教学设备。这样既能满足日常教学需求，又能为学生的学习研究提供有力支持。教师应学会运用互联网技术进行教学，分享更多优质学习资源，实现教学与时俱进。此外，学校应鼓励成立以学生为主的团体组织，如"文学社""诗词学会"等，要求其定期举办交流大会或创作比赛。通过这些活动，既能巩固和丰富学生的知识储备，又能培养其独立思考和语言表达能力，实现知识在实际生活和学习中的有效应用。

2. 优化实践教学体系

如果理论教学强调提高学生的思考能力，那么实践教学则以提高学生知识内化、迁移能力为主要的目标。因此在实际教学中，学校应认真分析当前新课标的具体要求与学生的发展需求，尤其关注学生学以致用能力的培养，从而制定科学的实践教学体系。在建立实践教学体系的过程中，学校应本着"促进汉语言文学教育发展、与社会实际相结合"的原则，对实践教材进行编写与设计，实现课程内容的逐步优化与整合。在传统理论教学中，通过某种符号的形式而存在的理论往往是教师、学生需要重点讲述与掌握的内容，而通过借助互联网技术，可让师生以网络互动、视频课程等方式进一步熟悉具体的符号系统，并解读符号意义，实现轻松教学。同时互联网技术以其资源丰富与先进性的时点，可帮助学生更为深入的了解汉语言文学学习的发展趋势与需求，为实践教学的顺利开展奠定了良好基础。

3. 完善考核与监督机制

完善语言文学考核、监督机制，是实现教学目标、提高人才质量的重要手段与保证。对此，教师应将教学过程、课程考核与学生学习实践相结合，建立语言文学考核、监督机制，不仅可调动学生的个性化学习需求，还能有效满足教育教学的具体目标。这时，教师便可借助互联网技术对课堂教学进行监控，同时还可构建相应的网络平台，对学生课余的学习情况、作业完成情况实现远程考核、监督，实现全方面指导。另外关于实践教学策略的实施，也可通过微信、腾讯 QQ 留言、慕课及视频聊天等与学生建立良好的沟通，并将学生反馈的信息作为日后考核的重要指标，实现对汉语言文学教学的有效优化。

二、互联网环境下的汉语言文学教学优化

在互联网环境下，高校学生在学习和思维上都发生了很大的变化，这迫使高校在教学中必须要进行一定改变，以适应当下学生的状态。对于汉语言专业教学而言，互联网所引发的社会文化上的变化，对于未来的语言交流、文学艺术等都会产生影响，必须要在高校专业教学阶段使学生能够理解和接受，实现专业课程的与时俱进，以期培养出优秀的、符合时代发展的汉语言专业人才。

第一，充实汉语言文学教学内容。在互联网环境下，高校应不断丰富汉语言文学教学内容，以吸引学生注意力、激发学习兴趣。例如，将当下流行且时尚的元素纳入教学拓展材料。影视艺术文化深受学生喜爱，可将其作为素材，探讨和

交流相关课程。教师还可利用互联网搜寻整理课外素材，通过多媒体展示，以优化课堂教学。网络文化对高校学生影响深远，教师可针对相关问题开展教学，以提高学生关注度。

第二，创新教学模式。汉语言文学教学需充分利用互联网等新媒体资源，创新教学方式。微课等新型教学模式有助于学生掌握知识点，教师可借鉴成熟经验，将其应用于课程教学。通过制作教学视频，教师可在校内网站媒体平台推送，便于学生课余时间学习。多种教学方式结合，有助于提升教学效果，激发学生对专业知识的兴趣。

第三，加强师生互动。在互联网环境下，教师可利用新媒体与学生互动，如通过微信等社交软件建立专业课程交流群组。教师应关注学生对汉语言文学掌握情况，获取教学效果反馈，不断优化教学策略。

三、互联网+模式下的汉语言文学教学优化

（一）基于互联网+模式汉语言文学教学发展机遇

"互联网+"代表着一种新的经济形态，其中"+"的含义非常丰富，其实质就是"互联网+各个传统行业"，教育行业当然包括在内，高校教育如何利用互联网这一平台进行改革也成为当下非常热门的话题之一。互联网+的发展，为高校人才培养提供了难得的发展机遇，它为学生个性化学习提供更先进的技术支撑和教育资源，是在尊重教育本质特性的基础上，利用互联网思维及行为模式重塑教育教学模式、内容、工具和方法的过程。在这一过程中，互联网与教育的深度融合，可以为传统教育在教学模式、教学内容、课程体系、教学方法、课程考核与评价等方面提供更多的改革契机，为学生提供"量身定做"丰富多样的个性化学习，这种个性化学习倡导以学生为中心，通过互动体验的教学方式，实现学生课内课外的深度学习，势必会引发一系列的教学改革。

然而，各个高校尤其是地方高校汉语言文学专业都有着一套较为成熟的教学体系，这套教学体系表现在：教育教学过程多限于课堂之内，教学模式大多呈现为教学知识对学生的单向传递，教学方法也过于传统。随着时代的发展，这套教学体系表现出教学内容偏文学化、教学手段过于单一化、人才培养目标脱离社会

需求化的问题，这些问题的存在究其根本是因为学生缺乏创新精神、创新思维以及创业能力，汉语言文学专业的人才培养模式已经不能适应新形势下社会对人才的需求。

因此，当今时代背景下，汉语言文学专业需要转变教育思想观念，注重培养学生的创业意识、创业精神，传授创业知识，提升创业能力，建立相应的创业教育师资队伍、课程体系，营造创业教育的氛围，培养经济社会需要的创新创业型人才。

（二）互联网+模式汉语言文学教学改革实践

互联网+模式提高了高校培养应用型人才的标准，应用型人才的培养应更加注重经济社会的需求性、跨专业的复合性和创业能力的可塑性，这也给高校人才培养的实践教学质量提出了更高的要求。汉语言文学教学改革的构想具体表现在以下三方面。

1. 依托互联网+模式完善实践教学运行机制

构建依托互联网+模式的创新创业实践教学体系，契合汉语言文学专业特性，整合校内、校外及综合实践资源，主要涵盖以下三个方面。

（1）校内实践旨在在互联网+框架下拓展学生在线实践学习空间，增设网络实践项目，借助社交平台全面展示汉语言文学专业优势，激发学生创作热情、开展文学评论，并学习沟通技巧。同时，借助互联网+信息平台，协助学生组建创新创业团队，教师指导学生开展合作，以项目形式推进创新创业活动，不断提升学生团队创新能力和沟通协作能力。

（2）校外实践即通过互联网平台构建符合汉语言文学专业的实践基地。在互联网+背景下，汉语言文学专业需转变观念，激励各级各类学校、新闻媒体、企业及政府机关共同参与实践基地建设，协同专业教师完成学生实习实践的顶层设计，构建面向社会开放的校外实践基地。校外实践基地包括学校、企业、报社及政府机关等，为未来从事教育、新闻、文秘管理职业的学生提供实践实训平台，提升学生创新精神和实践能力，培养综合素养。

（3）综合实践旨在整合校内与校外实践，突出实践学习的实际性。毕业论文是学生对专业学习和实践的总结，互联网+模式下，需持续改革本科汉语言文学专业毕业论文考核方式。教师应引导学生在实习中发现现实问题，指导学生利用网络资源策划创新创业项目、参与社会实践活动、完成市场调查报告等，这些成果在一定程度上可视为汉语言专业毕业论文或设计，在论文成绩评定中占有一定比例。

2. 依托互联网+模式改进教学管理手段分析

"互联网+"的出现，可以帮助高校不断改进实践教学的管理手段，对实践教学管理的提高带来了深刻影响。互联网+模式下，对于顶岗实习和毕业实习环节，可以利用互联网，突破时间和空间限制，促使学校、企业形成双元培养责任主体。一方面，实习单位可以按需要推介岗位、学校按能力审核岗位、实习单位和学生在双向选择的基础上清晰各自的职责、构成有序的互动、形成有效的管理；另一方面，学校借助网络平台实现学校教务处、院级教学管理者，以及专业指导教师对各类实习实践教学环节和过程进行实时跟踪管理评价；可以利用智能 App 实现校外实践活动的管理；利用校园网对实践教学成果进行展示宣传扩大影响力，有效提高学生学习实习实践自觉性、教师实践指导的有效性。既促使实习、毕业设计、就业的一体化，也能够提高学生实习的满意度。在互联网+模式下的实践教学手段的改革必将更方便、更科学，效率也更高，有利于提高应用型人才的培养质量。

互联网+模式将网络的优势与实践教学管理手段相结合，实现线上线下的有机融合，做到对学生的实习实践行为进行实时跟踪，实时反馈，从而指导教学改革。与此同时，管理者基于大数据的学习分析，充分了解学生在外实习实践的动态过程，进行实践行为的及时监管，为学生提供有效的实习实践管理服务。

3. 依托互联网+模式整合实践教学的内容构建

基于"互联网+"模式，持续整合汉语言文学专业实践教学资源，以适应其特性。一方面，重视构建数字化教学环境，积极倡导教师开设网络优质课程，增强网络教学互动，引导师生共同完成高质量实践项目。通过微课堂形式开展第二课堂活动，将"专业技能大赛""新闻写作""演讲朗诵""摄影摄像""文化创意"等紧密贴合学生需求的活动整合至信息平台。另一方面，着力调整实践教学重点，紧密结合社会对专业人才实际需求，推动实践教学内容持续整合。利用社交网站全面展示专业特长、作品、文学评论，拓宽视野，提升沟通能力。

互联网与教育领域的融合为汉语言文学专业实践教学模式改革带来了全新挑战与机遇。在"互联网+"模式下，实践教学建设将迈向信息化、网络化、多元化道路，教师需不断加强实践教学重视程度。唯有如此，学生的创新创业能力方能不断提升。

四、开放教育模式下的汉语言文学教学优化

"在开放教育教学模式下，语言文学专业教育的内外部环境出现了相应的变化，对教师开展相关课程教学活动提出了明确的要求，传统教学方法和教学组织活动已经无法与新时期教育改革发展需求相适应，只有构建更加完善的汉语言文学专业教育体系，才能提高教育有效性，保障学生的专业发展能力得到良好的训练。"[①] 因此要注意针对开放教育模式下汉语言文学专业教育改革进行研究，构建能与开放教育模式相适应，能面向市场人才培养需求的全新专业教育规划体系，助力汉语言文学专业教育和人才培养工作实现高质量推进的目标。

（一）开放教育模式对汉语言文学教学的具体要求

开放教育对于学生而言是动态发展的过程，其不仅要遵循一般的教育规律和教育模式，还受到教育主客体意识和主客观环境的影响，形成了特殊的远程教育规律和开放教育模式，因此在汉语言文学专业教育改革中要想践行开放教育理念，就需要对开放教育模式对教育改革提出的新要求进行明确，从而突出开放教育活动的整体效果。

第一，在汉语言文学专业教育实践中，须坚定遵循教育活动的一般规律，深入理解开放教育与传统教育的核心差异，并对教学活动进行相应调整。依据开放教育规律和教育内容要求，对汉语言文学专业教育活动进行优化创新，同时根据时代发展趋势，对教育组织形式实施合理调整。从而确保开放教育环境下汉语言文学专业教学活动和人才培养工作得以与时俱进，满足时代发展需求。

第二，要在教育实践互动中探索独立、个性化教育模式的构建，突出各学校

---

① 张春兰. 开放教育模式下汉语言文学专业教学改革探讨[J]. 产业与科技论坛，2021，20（17）：178.

汉语言文学专业教育的特殊情况，避免照搬教育改革的经验，要重点结合教育对象的成长需求和专业发展需求、综合分析教育条件的具体情况对教育活动实施动态化的调整，从而以变化的眼光对待汉语言文学专业教育活动，灵活地对教学模式进行改革和优化，从而提升教育活动的质量，保障汉语言文学专业教育实现稳定发展的目标。唯有如此，才能在开放教育模式下使汉语言文学专业教育保持良好的发展状态，教育活动的组织实施也能迎合时代发展要求，将学生培养成为能得到市场认可和企业肯定的高素质人才。

（二）开放教育模式下汉语言文学教学的优化途径

在对开放教育模式下汉语言文学专业教育改革基本情况形成初步认识的情况下，新时期在对教育活动进行调整的过程中，要注意对教学活动进行设计和规划，保障教育改革的组织实施能满足开放教育模式的需求，能构建现代化和特色化的汉语言文学专业体系，促进教育改革实现科学、稳定、高效化发展的目标。

1. 革新教师教学观念，突出学生主体地位

在计算机现代远程教育作为汉语言文学专业教育主要载体的开放教育模式下，专业教师需注意转变教育观念，强调学生主体地位，并积极探索适应开放教育的教学活动。在此过程中，教师应有意从终身教育视角进行教学改革，充分认识到开放教育强调教育与学习活动融合的核心特点，即高度重视学生的中心地位。为实现这一目标，教师需将学生需求为核心，重新构建与学生群体的联系，启发和引导学生自觉思考与探索。作为教学活动的组织者和引导者，教师要关注学生的需求，突出学习的现代化和社会化特征，以确保在开放教育模式下为汉语言文学专业学生营造优质的学习空间。通过以上措施，教师能够为学生提供积极的教育引导，最大限度地展现教育改革的魅力，并确保学生在专业学习实践中获得积极的学习体验。

2. 突出学生就业导向，优化课程体系建设

在开放教育模式下，汉语言文学教学的主要目标是有意识地促进学生顺利就业，使学生在毕业后能参与到社会建设中，贡献自己的力量。因此在开放教育模式下对汉语言文学专业教育进行改革，要注意彰显专业知识教育的核心地位，面

向学生的就业发展需求对教学活动进行设计，构建完善的汉语言文学专业课程教学体系，在开放教育环境下对课程教学进行成功改革，使汉语言文学专业教育改革形成面向专业、面向就业、面向社会的新格局，能满足社会发展对汉语言文学专业人才培养工作提出的全新要求。

第一，在开放教育环境下，我们需要对汉语言文学专业课程体系建设进行重新规划，以就业为导向，强调课程教学的特色化和实用性。这包括根据当前企业对汉语言文学专业人才能力需求的变化，适度引入办公自动化、交际信息化、影像化等方面的课程，构建信息化课程教学活动体系，展示人才培养优势，以提高课程教学在开放教育模式下的综合效果。

第二，以就业为导向，重新规划课程架构。从专业基础课程、专业核心课程、专业实践课程三个角度出发，适当融入与学生职业发展契合度较高的选修课程，如公文写作、办公自动化、新闻采编、广告设计等选修课程。通过丰富多彩的课程内容吸引学生注意力，引导学生根据自身择业观念和就业发展倾向自主选择相关课程，强化自身专业综合素质。在此基础上，确保人才培养工作在全新课程体系的支撑下，实现高质量发展目标，为科学推进人才培养工作奠定坚实基础。

3. 整合信息化教学资源，引入现代化教学方法

在对汉语言文学专业教学进行改革的过程中，加强对信息化教学资源的合理化应用，并按照开放式教育模式的现实要求对教学资源进行整合，引入现代化教学手段，能加快汉语言文学专业教学改革信息化和数字化发展进程，教学资源的利用率会明显提高，教学活动的综合质量也会进一步优化。具体而言，在开放式教学模式下，基于对远程开放教育系统的应用，汉语言文学专业教师要注意对教与学的关系进行重新的规划，基于教师和学生之间的紧密联系，引导教师和学生能共同对电大教学平台发布的相关教学资源进行整合应用，结合专业教育需求提高教学效果。

与此同时，汉语言文学专业教研组要定期对学生实施网络课程教育指导，组织学生参与大型的网络学习探讨活动，或者提供直播教学答疑解惑、电子邮件（E-mail）有针对性地帮助学生对学习过程中遇到的问题进行处理，显著增强教学活动的整体质量，使学生能掌握与汉语言文学专业相关的课程知识内容，能有

意识地探索电子信息技术、网络技术在学习实践中的应用，从而对汉语言文学专业学生信息化素养进行培养，在现代教育手段的支撑下为学生对信息技术知识内容的学习做出正确的指引，促进资源的高效化利用，确保可以真正突出教学实效，为学生搭建良好的汉语言知识内容学习空间，对学生的专业技能实施合理化的训练。如此就可以发挥资源整合的作用，在开放教育环境和教育模式下引导学生对专业知识和实践技能加以探索，夯实开放教育环境下汉语言文学课程教学改革的基础，助力汉语言文学专业人才培养工作实现科学化和系统化发展。

4. 加强教师的培训，构建高素质教师队伍

在开放教育模式下的汉语言文学专业教育改革中，汉语言文学专业教师肩负着推动教学改革的重任。只有教师与时俱进地提升自身专业素质，增强在开放教育背景下教育和指导学生的能力，才能有意愿推动汉语言文学专业教育改革活动的优化发展，实质性地提升教育质量。

在实施汉语言文学专业教师培训过程中，可以从两个方面来设计培训措施：首先，对汉语言文学专业教师进行教育学和心理学方面的培训，提升教师综合素质，使教师能在开放教育环境下精细化分析学生的学习状态，引导学生主动自主学习和多元化探索信息技术知识，确保教学指导活动能满足学生在汉语言文学专业学习方面的个性化需求，关注学生心理健康成长，优化教学方案，指导学生多元化探索相关知识技能，从而提升学生的职业竞争力。其次，引入现代化的汉语言文学专业教师培训手段，积极探索在线培训教育模式的开发，构建师带徒培训模式和研修培训模式，鼓励并支持教师参与学术交流活动、专业研修活动，掌握现代信息技术在汉语言文学专业教育中的应用技巧，对教师的信息化教学能力进行强化训练，从而逐步推动汉语言文学专业教育的改革创新，在教师的支持和引导下，提升人才培养工作的综合发展效能。

综上所述，在全面构建开放式教育模式的情况下，汉语言文学专业教学活动中教师开始尝试构建开放化的教学活动，对传统教学活动进行改进和创新，促进语言文学专业教学向多领域、多层面延伸，从而在丰富教学内容和多元化教学模拟环境的支撑下对学生实施专业的训练和指导，切实突出语言文学专业教育效果，在开放教育环境下对人才培养工作的综合效果进行优化，为高素质人才的培养提供良好的动力支撑。

五、新媒体环境下的汉语言文学教学优化

汉语言文学是汉语言文化传播的重要载体，也是当前人文社科大类中一门重要的专业，它的主要研究领域分为两个方面：一方面是语言；另一方面是文学，二者是相互区别但又紧密联系的，互为基础，互相促进。在当前信息技术的推动下，新媒体教学技术已经在高等学校普及开来，而如何更好地在新媒体环境下优化汉语言文学的教学措施，为社会培养既具有时代理念又具有较强汉语言文化素养的人才，是教育工作者应当着力应对的问题。

当前，信息化催生了新的网络技术与媒体技术，对当下的媒体环境产生了较大变革，以新媒体与传统媒体相结合的融媒体时代已经来临，而受到其推动和改革最大的领域就包括教育教学。教学的实质是信息的传递工作，新媒体介入，让信息的传播渠道、内容、方式发生了革命性的变革，打破了原有的教学时空限制，让广域的信息充分的流动，师生关系更密切，为教学工作创造了更多的便利条件。在汉语言文学专业中利用好新媒体技术，让该专业的也不如新时代快车道，为未来高素质的汉语言文学专业人才培养打下坚实基础，实现现代元素与传统汉语言文化的有机融合。

（一）新媒体与汉语言文学间的联系

我国传统文化悠久且深厚，历经数千载，其中汉语作为历时最长且未曾中断的文化象征，至今仍为我国家喻户晓的母语。其得以传承的根基，在于其深厚的历史积淀和文化内涵，以及语言文学、语言艺术多样化形式的演变与传承。从广泛应用的角度观之，汉语言是人类信息交流、传达、记录与存储的重要载体；从战略层面来看，它更是中华文化的核心、人文教育的基石及世界文化交流的桥梁。在教育过程中，学习媒介如教材、历史书籍、课堂板书等均以汉语言为表达手段。日常生活细节也处处体现出汉语言的影响力，这种渗透与融入使得我国历史得以延续，文化得以发扬。随着信息化时代的到来，计算技术与网络技术交织，共同推动了多媒体时代的到来，这也对我国的汉语言传统文化产生了影响。新媒体与汉语言文学之间的关系主要表现在以下两方面。

第一，传播媒介上，在计算机引入中国之初，所有的操作语言都是英语，要

使用计算机必须依靠较为熟练的英语语言能力作为基础,若这一现状不改变,在计算机全面普及后,汉语言的使用环境必将受到影响,因此我国的专家人才做出了艰苦卓绝的努力,实现了电子计算机语言汉化,可以让汉语在计算机程序中得到充分全面的应用,化解了这一次新媒体技术与汉语言交锋的巨大危机。

第二,在新媒体技术广泛应用的背景下,电子形式的语言传播已逐渐成为主流。初期,人们对电影、电视剧、网络直播等快餐式的文化内容充满热情,从而在一定程度上忽视了语言文字的核心价值。然而,近年来我国积极推动了新媒体与传统语言文化的融合,充分发挥新媒体作为桥梁的作用,将汉语言与文学内容进行合理的优化和调整,以更受欢迎的形式通过新媒体渠道呈现,这种方式不仅有效地利用了碎片化的时间,还使教育方式更加多元、传播效率更加快捷。同时,通过电子化方式,原本难以获取的纸质资料,如史学类作品、古代文学以及西方文学等,得以迅速传播至读者身边。在传播过程中,教育部门与文化传媒部门携手,将原本晦涩难懂的内容进行社会化、大众化的改造,使之更易于接受。并结合当前社会生活实际,使之更具现实意义,更贴近民众生活。

在新媒体的广泛传播和大众创造的平台下,一些古典的汉语言要素也被赋予了新的含义。对于学校的汉语言文学的教学而言,老师利用新的技术,实现了很多的教育资源整合,还可以利用能够互动的线上平台,更加了解学生的兴趣爱好与学习特点,制订针对性的教学方法,实现了一对一或一对多的教学模式,优化了教学策略,提升了教学质量。但是,新媒体在发挥着其优势价值的同时,也出现了一些对汉语言文学教学发展的不良影响,包括在文学作品上的重产量不重质量、价值观偏离等问题。值得有关主体高度重视,积极地进行解决。

(二)新媒体环境下优化汉语言文学教学的对策

1. 开展标准化教学,引导学生理性运用网络语言

要应对新媒体对于汉语言教学的挑战,标准化教学必不可少。老师应当起到引导和示范的作用,重点做到两个方面:一是要强化汉语言文学教学工作的规范性,把正确的语言用法传授给大家,并让学生知道语言学习是一件严肃认真的任务,必须要有敬畏之心和崇尚之心,不应盲目地信从和追从;二是老师应当引导学生去正确看待这些新的网络语言元素。要让学生去认识到网络流行语的水平是

良莠不齐的，应当理性看待，不能简单地认为所有的网络语言都是对传统语言文字的优化和创新，并且为语言的丰富度和活跃度增添了更多的色彩，而要去审慎看待其多面的影响，注意发现其内在的短板和不足，例如，一些流行语言的设定初衷就是有违汉语言文学的发展理念的，这些流行语言的修改和简化并没有严格的遵循汉字用法和标准，而是较为任意的改变，甚至还加入了一些不文明用语，还有的表达的价值理念是消极的，这就需要进行准确的甄别，去芜存菁，把优秀传统语言文化更好的传承。

2. 运用新媒体网络技术来激发学生学习的积极性

（1）在教学过程中，教师需全面认识并深入了解汉语言文学的学科特质，结合各课程核心要点，探索与之相适应的多媒体教学手段，实现教学内容的有机整合。例如，针对地域差异导致的大学生教育水平不一，以及对汉语言的理解程度和认知广度存在较大差异的现象，教师应充分考量并正视这种差距，实施针对性教学。发挥网络资源个性化优势，为不同层次的学生提供适宜的学习材料，从而实现个性化教学目标。同时，此举亦能满足学生实际学习需求，避免填鸭式教学导致的学生厌倦和懈怠情绪。

（2）充分扩大教学内容的丰富度，以汉语言文学的课程主要内容教学为契机，进一步拓宽学生的视野，从而围绕生活实际、学生的兴趣领域来开展汉语言文学教学，增加学生的知识积累，提升学生的综合素养，从而让学生对于汉语言和文学价值内涵的认识更深刻。

（3）注重教学方式和内容的及时更新，网络资源的更新速度非常快，信息的实效性价值很高，因此汉语言文学教学也应当与时俱进，做到与时代相同步。例如现代文学作品的更新速度在新媒体的推动下不断加快，新的作品需要补充到课堂中，老师就可利用网络技术来对这些内容进行收纳、梳理、归纳、整合、利用，借助网络的分析平台，对于文学作品的评鉴分析也能同步导出，有利于让同学快速获取相关的内容，让他们在学习过程中可以跟得上潮流，为教学保持与时俱进的思维奠定基础，还能使得教学内容更加生动化、形象化、生活化，丰富学员知识储备的同时，结合社会热点内容培养学员的语言表达能力和问题是非判断的能力。

3. 以探究合作式教学推提升生自主学习能力

一方面利用多媒体的教学环境打造较为活跃的课堂氛围，实现多元化的要素充实，在汉语言的学习中，可以确定某一个具体的主题研究方向，例如，书法的历史演进过程与价值意义，这样再让学生以小组形式开展探究和交流，给学生配备一定的多媒体的教学资源，从而锻炼其独立思考、相互协作、探究创新的能力。更加突出了学生的主体地位，激发了学习主动性。另一方面，通过网络构建师生间的充分互动，搭建了问题探讨和情感交流的问题探讨的平台。结合远程教学课程，让学生在线上可以以评论、弹幕等形式进行发问，老师快速的解答，减少问题迟滞，提高响应度，增进师生感情，也促进教学效率提升。

4. 引导学生在学习中有效探索新媒体文学的风格

在新媒体时代与文学风格的问题上，我们应当认识到，随着新媒体的普及，人们对于新媒体文学的风格已逐渐熟稔。阅读习惯也在逐渐转向"短阅读、浅思考"，这使得新媒体时代的文学风格呈现出轻盈、快捷、简洁、富有创新和趣味性等特点。然而，事物的两面性在这里得以充分体现。文学风格的形成与演变，既影响着媒体风格，同时也受到媒体风格的反哺。文学风格引导着人们的生活、言行和写作风格，而这些生活、言行、写作和信息传播的风格又在一定程度上塑造了新一代的文学风貌。

在新媒体时代背景下，文学风格发生了显著的变化。因此，教育工作者需要引导学生摒弃过时的观念，积极探究新媒体时代的文学风格，以适应这一时代的阅读需求和审美趋势。在新媒体文学风格的变化中需要注意以下五方面。

（1）新媒体文学风格不再是严肃写实的风格，也不再是朦胧诗引领的朦胧浪漫写意风格，而是趋于一种幽默趣味风格，如何将媒体内容做得更有趣味，是企业中媒体部门和社会媒体企业都需要思考的问题。

（2）新媒体风格开门见山：人们习惯了短阅读、浅思考，如果文章不能吸引人，很快就会被读者放弃，如果说以前的文学风格是先写探究过程，再层层剥开，"柳暗花明"般地得出结论，那么现在的文学往往是第一时间展现结果，后续可以描述过程。

（3）新媒体文学风格内容精简，如果用大篇幅的文字描述，读者只会弃而不读，因此新媒体时代下文学风格整体都在朝着精简的方向发展，同时会用多样有趣的图片、表情包、视频等代替文字描述，一图胜千字，这些信息传播载体往往比文字更加生动形象。

（4）新媒体文学内容碎片化：新媒体时代下文学形式正在朝着碎片化的方向发展，这在语言、分段、使用语气助词等方面都有体现，用最简单的话来说，传统文学两三百字一个自然段，而现在可能十几个字就是一个自然段。

（5）夸张过甚：新媒体时代下，文章内容往往要创造出"爆点"话题，需要开发能吸引眼球的点，宣传效果会更好，因此很多夸张的内容都被应用，这也导致文学的失真性更强。

总体而言，教师引领学生对比新媒体时代下文学风格和传统文学风格，观察对比这两者之间的差异点，探索文学风格差异背后的原因，加以了解，势必有利于学生增强文学性，提升文学见识，开阔视野。

5. 鼓励学生在新媒体背景下积极搜索资源、创造信息

新媒体指相对于报刊、电视、广播等传统媒体的新的媒体形态，包括数字杂志、网络、数字信息等。新媒体时代下，人们通过手机、计算机去浏览数字化形态的信息，每个个体既是信息内容的接受者，又是信息内容的传播者，同时也是信息内容的生产者。它的兴起，让信息呈现爆炸式的增长。教师可以鼓励学生积极利用新媒体渠道去搜索资源，去创造信息，适应社会的发展，增加自身文学风格多样性，以便在这个新媒体环境下，能够提升核心竞争力。

综上所述，在新媒体环境下，传统的汉语言文学教学方式存在着较多的挑战和困难，为了帮助学生更好地学习这门学科，教师必须优化教学方法，培养学生的学习兴趣，调动他们学习的积极性和主动性，推动实现汉语言文学教学的可持续发展。

思考与练习

1. 汉语言文学教学中翻转课堂模式优势是什么？
2. 汉语言文学教学的方法有哪些方面？
3. 详细论述新媒体与汉语言文学间的联系。

第五章　汉语言文学教学与人才培养

第一节　汉语言文学专业人才培养的思路解读

我国历史悠久，诸多时期涌现出众多文学巨匠，他们传承中华文明，为后人留下丰富的精神财富和文学作品。然而，汉语言文学专业较低的就业率导致该专业的学生招生数量逐年减少。因此，高校需在汉语言文学专业人才培养方面调整策略，适应社会发展需求，培养更具竞争力的复合型人才。

一、汉语言文学专业人才培养的标准

现如今，高速的经济发展带动了教育领域人才培养目标的转变，汉语言文学专业人才培养的要求也发生了改变，其定位标准也有所转换。如今汉语言文学专业人才的培养过程中需要具有以下素质的培养。

（一）口头表达及书面写作

近年来，随着观念的转变，我国现代教育模式亦随之更新。在汉语言专业人才培养中，对口语表达及书面写作能力的要求越来越严格。作为现代汉语言文学专业的学生，必须具备这两种素质。在此背景下，口语表达能力的内涵已发生改变。现在不仅对口头表达有严格标准，更要求学生在表达过程中展示独立思考，并通过语言传达文化底蕴。口语表达能力的核心特点为一语中的，言简意赅，富有艺术魅力，能揭示问题本质。另外，书面写作亦然。除传统文学创作与评论外，汉语言文学专业人才需在作品中显露个人风格，体现自身素质。将书面写作能力应用于实际问题，方为真正具备相应素质和能力。因此，现代汉语言专业人才培养过程中，应立足学生专业根本，着重培养口语表达与书面创作能力，使学生未来具备扎实的汉语言文学创作功底。

（二）现代人文修养

在现代教育领域，普遍存在的教育理念是培养有素质、有文化的应用型人才。此处所说的"素质"具体是指所培养的人才能够有着非常强的心理素质和丰富的文化专业知识。现代教育的根本是培养人——培养出适合当今社会发展的高素质人才。在现代教育中，学校教育传授的不仅是书本知识，还必须足够重视对人的培养，以学生的精神培养作为重点，这是作为当代学生所必须具有的一种素质。现代教育通过对历史育人的典籍、成就加以借鉴，让学生真正明白"人"的本质概念，让学生在学习过程中能够正确认识到人心灵的真、善、美，同时以此作为标准逐渐将自己培养成为具有高素质的人才，更加适应当今快速发展的社会。在现代社会，具有高素质并不代表成为完人，还需要将自己的高素质充分运用到工作中，并能够通过自己的高素质带动身边的人进行人格的升华。

（三）工作素质

在现代汉语言文学专业人才培养过程中，优良的工作素质是其未来发展不可或缺的要素，应当作为核心培养目标。优良的工作素质体现在踏实肯干、本分严谨的态度，以及注重实际、实事求是的工作方法。面对新形势，汉语言文学专业人才培养需审时度势，课程设置合理有序，着重强化中文专业的文化底蕴和氛围，使学生能够深入了解实际情况，以踏实严谨的态度解决实际问题。现代社会亟需贴近实际、敬业乐业的高素质人才，通过自身能力展现个人价值，并在处事过程中不断提升自己。

二、汉语言文学专业人才培养的途径

（一）科学地设置专业课程

"人才的培养需要专业合理的课程设置，只有科学地进行课程设置才能培养出真正具有价值的人才。"[1]

第一，设置考研课程。在考研学生课程设置上，汉语言文学专业应当根据需

---

[1] 王西维. 汉语言文学与大学生人文素质教育［M］. 长春：吉林人民出版社，2019：50.

求在语言和文学两个方面进行课程设置，在提高学生知识能力的同时给学生带来兴趣，通过文化水平的不断提升来提高学生的文化底蕴，提升素质。

第二，设置应用类课程。学生在选择汉语言文学专业时，往往是因为热衷于文秘或编辑工作。因此，汉语言文学专业课程设置应紧密结合这两种职业的特点。鉴于这两个领域对写作技能有较高要求，课程安排应着重强化写作、编辑等相关课程，以满足学生未来的职业需求，帮助他们更快地融入工作角色。

第三，设置教育课程。教师行业一直以来是很多学生向往的职业，在汉语言文学专业中也是如此，这就需要汉语言文学在课程设置上进行教师技能、心理课程、演讲等课程的重点设置和培训，为学生今后从事教育行业打好基础，提高学生素质，为我国今后教育行业的发展提供更为综合的教师力量。课程体系设置就是为了更好地适应学生的发展，在汉语言文学专业中，应当鼓励学生根据个人爱好进行课程选择，规划好自己未来的发展方向，从而更好地促进个人发展。

（二）鼓励教师作教学创新

在汉语言文学专业教学过程中，学生的兴趣具有重要意义。若对专业缺乏充分兴趣，往往会对个人发展产生显著制约。因此，教师在教学过程中应适度调整教学方法，创新教学策略，以新颖的教学模式激发学生学习热情，进而促使学生自主学习，逐步提高教学质量。

（三）强化教学的实践环节

随着教育观念及形式的不断变化，汉语言文学专业教育应当根据不同要求进行实践，根据不同形式创建教学实践体系。

第一，适时组织专业实习，让学生能够在实习中体会现代汉语言文学。所谓的实习，就是让学生直接参与具体的岗位活动，以便在实际操作中运用并巩固所学专业知识。实习环节对于学生的重要性不言而喻。在知识应用的过程中，学生能够及时反思所学，不仅有助于深化对知识的理解，更能让学生明确所学知识在实际工作中的应用环节，从而真正掌握解决问题的方法。需要注意的是，尽管专业实习是一个极为有益的学习环节，也应适度安排，不应盲目进行或过度延长，而应根据教学需求进行合理安排。

第二，组织顶岗实习，让学生真正与未来就业衔接，为今后工作打好基础。

鉴于汉语言文学专业培养学生从事专业工作的特殊性，学生在实习过程中往往难以在同一单位进行，因此，教师无法对每位学生进行一对一的专业指导。另外，许多单位在接纳实习生时，往往会趁机进行人才考查，这正是顶岗实习的特殊之处。然而，由于各单位在人才选拔标准上的差异，学生在实习中所取得的成果也会有所不同。因此，学校应制定相应标准，只有完成实习且通过考核的学生方可毕业并走上工作岗位。

第三，通过课外活动带动学生应用能力。课外活动是重要资源，特别是在现代汉语言文学专业中，学校应当鼓励学生参加多种形式的课外活动，这不仅有利于丰富学习生活，同时还会对学生专业能力有所提升，全方位地促进个人发展。在现有经济社会发展形势下，汉语言文学专业在人才培养中应当进行更为科学的设置，统筹专业课程，在完善教学体系的基础上培养出更为适合社会发展需要的应用型人才，从而促进我国传统文化的发展和汉语言文学的发展。

（四）完善学生的评价体系

汉语言文学专业人才培养新模式要求教师对学生实施更全面、系统及公正的评价。根据高校办学特色和人才培养目标，教师应以笔试与面试相结合的方式，将专业知识掌握程度与能力检测标准综合评估，从而全面考查学生专业素养及多元化能力。在日常教学中，教师应引导学生关注提升专业技能及实践能力。例如，通过模拟工作岗位，让学生实际操作并予以评价，从而实现教学过程与评价体系的公正全面，助力学生在学习过程中不断提升自我。

第二节　汉语言文学专业人才培养的素质教育

汉语言文学教育在培养学习者的内涵与素质方面具有至关重要的作用。对于高等学府而言，人文素质教育是不可或缺的部分。然而，目前仍有部分教育工作者及大学生对人文素质教育的重视程度不够，从而导致高校在汉语言文学课程投入方面存在不足。

一、汉语言文学专业人才培养中素质教育的重要性

(一) 提高学生的素质素养

在我国，随着高等教育招生规模的不断扩大以及用人单位对求职者素质要求的日益提高，青年大学生所面临的就业压力越来越沉重。在此背景下，企业越来越重视除理论知识技能之外的综合素质。为体现就业优势，青年大学生需在学习知识的过程中，注重培养自身问题分析和解决能力。汉语言文学类课程的设立，不仅有助于提升大学生汉语言知识学习的能力，而且对培养其人文素养具有积极意义。因此，大学生应认识到素质教育的重要性，主动参与提升自身素质的课程及活动。

(二) 可以陶冶学生的情操

"汉语言文学中包含着我国传统优秀文化，融合了素质教育与汉语言文学教育的课堂能够让青年大学生感受到中国传统文化的魅力，从而加深其对汉语言文学的深刻认识。"[1] 青年大学生可以通过这样的课堂提升自身的文学素养以及文学审美能力。优良的人文情怀会对大学生的学习乃至未来的工作产生很大的影响，这也恰恰是形成优质生活的前提。文学作品的阅读能够通过提升大学生发现美、感受美的能力，从而培养大学生对生活的热爱之情。

二、汉语言文学专业人才培养中素质教育的对策

(一) 加强人文素质教育的师资力量

教师的职业素养以及教学能力是影响学习者学习效果的重要因素。对于汉语言文学教育，要想提高大学生的学习热情，就必须精心挑选出一批高素质、高水平的教学者，这样才有利于人才的培养。首先，教学者本身应具有较高的文学素养，除了自身对汉语言文学有深刻了解、能够灵活运用语言文字外，还应做到在课堂上能够精彩地传授给学生知识。教师要想做到这些，就必须定期参与教学培

---

[1] 杨蓓. 探究高校汉语言文学教育中的素质教育 [J]. 现代职业教育，2018 (30)：270.

训，不断完善自己的知识体系。其次，学校也应经常聘请一些专业的汉语言文学教师在学校开办讲座，从而让教学者积极地学习。

（二）提高对教学实践的重视程度

单调且刻板的讲授式教学易使学生陷入乏味与枯燥，这对大学生的学习进步及人才培养产生负面影响。在实际教学过程中，教育者应积极开展与汉语言文学相关的实践活动，以激发学生的学习积极性。例如，在教学过程中，教育者可以筹划小型诗歌朗诵比赛、经典名著交流分享、汉语言文学知识竞赛等活动，将课本中的抽象知识以实践活动的方式呈现，从而辅助大学生更好地理解、内化知识，并在实践中提升自身素质。

综上所述，在我国教育背景下，高校大学生的素质教育与汉语言文学教育受到了社会各界的高度重视。只有将素质教育与汉语言文学教育巧妙融合，才能激发学习者的求知欲以及主动性。因此，各高校应充分认识到汉语言文学教育对青年大学生人文素质培养的必要性与重要性，结合自身实际情况反思问题所在并采取相关应对措施，逐步加强汉语言文学教育中的人文素质教育，从而为大学生的发展奠定良好的基础。

第三节　汉语言文学专业中应用型人才的培养

随着市场经济对应用型人才需求的日益增长，我国高校正逐步从精英教育转向大众教育。在这种背景下，汉语言文学专业如何调整观念、培养应用型人才的问题已迫在眉睫。

一、汉语言文学专业应用型人才培养的要求

近年来，随着我国高等教育改革进程的推进，高校教育与社会经济发展之间的互动关系日益深化，彼此相互促进。为满足社会经济发展的需求，培养应用型人才已成为我国高等教育转型的重要策略之一。应用型人才，相较于传统高等教育的理论型人才，具备将专业知识与技能应用于所从事专业实践的能力，是一种专门的人才类型。过去的高校教育侧重于学科性与学术性，人才培养侧重于理论

知识及其深入研究，从而未能充分关注人才培养与现实社会需求的契合。在当今社会经济高度发展的背景下，传统的"宽口径、厚基础"理论型人才在步入社会后，往往难以适应社会需求，因此，具有鲜明特色的应用型人才培养模式已成为高等教育专业发展的必然趋势。

汉语言文学专业在我国高等教育中历史悠久，是文科中最重要的专业之一，它承载着中华民族优秀的文化传统，在提高国民人文素质方面发挥着不可替代的作用。随着社会的发展，汉语言文学专业承担着多方向的培养目标，不仅要为中学培养优秀的语文教师，为科研院所输送研究人才，还要为企事业单位培养行政管理、公关文秘等人才。这些专业所对应的行业不但具有较强的实践操作性，而且随着时代的发展，其对于汉语言文学专业人才的要求也在不断地提高，传统的培养模式已经不能适应知识激增的新形势的需要。因此，培养汉语言文学专业的应用型人才成为时代摆在我们每一位高等教育工作者面前的一个崭新的课题。汉语言文学专业应用型人才培养的目标是要求实现从学历教育到能力本位的战略转移，在教育观念上，更加注重提高学生的学习能力、就业能力、创业能力。在实际的教学过程中，要以加强人文修养为根本，以社会需求为尺度，以"读""写""说"为表征，强化应用性课程。

（一）以加强人文修养为根本，坚守民族文化传统

汉语言文学在高等教育的领域中，已有近百年的发展历程。在这一过程中，它对于传承我国深厚的文化传统以及提升学生的人文素养，发挥了至关重要的作用。汉语言文学专业的基础课程包括中国古代文学、中国现当代文学、写作学、古代汉语、现代汉语、逻辑学等，旨在培养学生的专业理论素养，提升人文修养，并巩固专业基础。这些基础课程是开展专业拓展、发掘新知识领域不可或缺的基石。例如，古代汉语、现代汉语、文学概论等课程在学科中占据着不可动摇的地位。通过学习这些基础课程，学生能够较为全面地掌握汉语言文学专业的基本知识体系，了解并掌握我国优秀的民族文化传统，并能够运用汉语言文学专业特有的方法进行分析、解决问题，并在该领域不断探索新知识。

（二）以社会需求为尺度，构建学生知识体系课程

设置的最终目的是使学生能够学以致用。随着社会竞争越来越激烈，大学生

的就业问题已经成为全社会普遍关注的一个重要难题。人才市场上的竞争是残酷的，汉语言文学专业的人才要想能够在竞争中占有一席之地，不仅要靠我们的智慧和运气，更要靠能力。这就要求我们在教学过程中更加重视汉语言文学专业课程内容与社会需求相照应，按照社会需求安排课程结构和内容，增加实践课程环节，让毕业生在毕业实习过程中熟悉本专业的技能、掌握要求，在专业实习过程中进一步提高自身的适应能力和实践操作能力。同时，要建立完善的学生就业指导体制，帮助学生制定出合理的职业生涯规划。大学一年级是就业指导的萌芽期，要利用新生入学教育的时机向学生介绍职业规划的思想，引入就业的相关理念和基本常识，指导学生树立正确的就业观和人生观。大学二年级为储备期，就业教育可进行第二步的深化，帮助学生对当前的就业形势进行详细的分析，制定并完善四年的总体职业生涯规划。激励学生构建科学合理的知识体系，积极锻炼就业必备的素质和能力，打好基础。大学三年级是就业意向的分化期，在这个阶段，我们要根据学生的不同就业意向选择报告会、专题讲座、个别辅导等方式，对学生进行有针对性的指导。大学四年级是考研与就业的分流阶段，对于考研的学生重点放在对其进行学科的纵深教育上，对准备就业的学生重点是学习就业相关知识及参加社会技能实践。只有这样，才能使学生在大学四年的学习生活中有明确的努力方向，学有所成。

（三）以"读""写""说"为表征，强化应用性课程

汉语言文学专业学生的核心竞争力在于现代"读""写""说"能力。为实现培养专业应用型人才的目标，教学过程中应对专业技能课程进行系统规划和强化。在传统教学方案中，应用性课程设置较少，且缺乏针对性和系统性。汉语言文学专业应用能力可概括为五个方面：古今文体阅读能力、现代文体写作能力、口头表达能力、语文教学能力和信息调研能力。通过设置合理、系统的应用技能课程，确保学生在四年学习过程中获得从事语言文字工作的应用能力，成为汉语言文学专业应用型人才。

应用型人才的培养是汉语言文学专业的发展趋势，具有广泛的现实意义。首先，汉语言文学应用型人才的培养顺应社会发展的实际需求。现代社会的发展需要大量高素质人才，其中语言分析和运用能力是重要的基本素质，因此，汉语言文学应用型人才的培养符合社会发展过程中对人才的要求。其次，汉语言文学应

用型人才的培养满足素质教育的本质需求。素质教育已经在我国各院校广泛开展，现在正是高校实行素质教育的关键时期。素质教育的根本目的在于对高素质人才的培养，全面发展学生的综合能力，提升综合素养，而提高汉语言文学人才的应用性，就是要将学科的理论知识转化为实践中分析问题和解决问题的能力，让汉语言文学专业在社会发展中成为具有推动性作用的理论体系，这正符合素质教育对人才的需求。因此，我们要紧跟时代的步伐，培养出适应现代经济发展和社会需要的汉语言文学专业人才，以便更好地为社会服务。

二、汉语言文学专业应用型人才培养的策略

（一）革新教学内容，优化课程结构

1. 优化专业基础课程，形成学生基本知识结构

专业基础课程涵盖现代汉语、古代汉语、中国现当代文学、中国古代文学等十余门，其主要目的在于培养学生的专业理论素养，巩固专业基础知识。通常情况下，这些专业基础课程的总体框架无须大幅度调整，但我们有必要对原有课程内容进行优化。具体包括以下三个方面：首先，精简课程内容。各门课程需根据本领域最新知识结构，设计课程体系与教学内容，明确教学重点与难点，强化核心知识。其次，优化课程结构。改变过去依循学科发展历程来构建课程体系的做法，转而根据学科发展的现状来考虑学科基础与课程内容设计，以使课程在实践中充分发挥作用。最后，整合各课程内容。避免重复交叉，如《写作学》与《文学概论》都讲述文体学知识，《文学史》与《文学概论》都涉及文学思潮。对于前者已讲述的内容，后者不再重复，从而使专业基础课程结构严谨紧凑。通过学习专业基础课程，学生能够掌握汉语言文学专业的基本知识体系，具备在该领域分析与解决问题的能力，并能在不断探究新知识的过程中，把握领域内的前沿动态。

2. 强化应用性课程，促使学生形成专业应用能力

专业技能课程的系统安排与强化，是达成我国高等教育培养本专业应用型人才目标的关键要素。在既往的教学大纲中，我们所设计的应用性课程较为有限，且在系统性和针对性方面存在不足。现今，我们需悉心筹划十余门应用性课程，

构建起本专业课程的应用模块，通过系统地设置应用技能课程，确保学生在四年的学习期间能够获得从事语言文字工作的应用能力，进而成长为汉语言文学专业的应用型人才。

3. 分设专业方向，改革汉语言文学专业教学模式

为了使应用的范围更广泛，高校可以在汉语言文学专业之下分设语文教学与教育管理（即师范类）、涉外高级文秘、文化产业管理三个方向，实施低年级通修专业基础课，侧重培养专业基本能力；高年级分流主修专业方向限选课，侧重培养主攻方向能力的模式，并鼓励跨专业方向兼修。在条件成熟后，还可以分设更多的专业方向。

（二）创新教学方法，提高教学质量

方法是指解决问题的思路、程序和步骤，而现代教学方法体现在"教"与"学"两个主体的互动中。在不同的学习阶段、根据不同的教学内容运用与之相适应的教学方法，才能提高教学质量。

1. 运用"系统讲授法"，建立学科知识结构

在大学低年级阶段，学生初涉专业领域，尚未构建完备的学科知识体系。因此，针对这一特点，教育者需通过系统讲授，使学生对汉语言文学核心课程的基本理论形成全面理解。部分观点认为，初期即采用研究性教学法，过早地培养学生的自学能力，并不符合我国学生的实际情况。事实证明，在汉语言文学专业的第一年，即奠定基础的关键阶段，运用"认知—同化"学习理论，并结合系统讲授法或案例教学法，有助于学生构建完善的知识体系，为今后的学习奠定坚实基础。

2. 倡导"指导—探究性"教学法，培养学生学科思维方式

虽然第二学年的专业学习仍然是基础课程的学习，但是，随着学生的专业理论水平的进一步提高，课程内容逐步深化，教学方法可以逐步由以接受性学习方法为主过渡到以"指导—探究性"学习方法为主。所谓"指导—探究性"学习，就是让学生在教师的引导下，从学习中去主动地探索、发现，从而增强思考力和创造力，培养创新精神。这种课程形态的核心是要改变学生的学习方式，强调一种主动探究式的学习，形成学生的自学能力。但这种教学法不能忽略教师的作用，教师的指导更多地表现在组织上和服务上，空间由课堂延伸到课外。

3. "问题中心"教学法，培养学生解决问题的能力

学生到了高年级，主要是一些选修课和应用技能课，这个阶段要求主要采用建构主义的方法进行教学。使学生在教师的指导下，通过解决问题的各种活动，创造性地形成自己的观点，各种专业知识成为学生进行知识再生产的装备。通过这种教学方法，学生构建起以解决问题为核心的知识结构，也就是我们所提出的专业应用能力。但是，这种教学法的实施，教师需要付出更多的心力，学校的教学评价机制和教学工作量的计算办法也需要做适当的调整。

（三）强化实践环节，培养学生应用能力

1. 组织学生专业见习

组织专业的见习，使学生体会汉语言文学原理以及实践应用相结合的意义。专业见习一般在第二学年进行，主要是结合课堂教学内容，让学生直接参加学校、机关、文化单位的实践活动。应用所学的理论和方法，见习课堂教学和班主任工作、机关文秘工作、文化产业管理工作。专业见习不仅能够加深学生对理论知识的理解与记忆，提高学生解决实际问题的能力，而且能够增进学生对于工作的理解和感情，增强其事业心，为专业实习奠定基础。专业见习以短期为宜，视情况可多次进行，也可按专题进行组织。

2. 组织学生"顶岗"专业实习

组织学生"顶岗"专业实习，使部分学生能够实习和就业衔接。高级文秘方向的学生，专业实习拟安排在第四学年的第二学期，时间是一个学期。跟汉语言文学方向的学生不同，一个单位接收实习生数量不可能很多，实习地点分散，教师指导不方便。从以往实习接受单位的要求来看，他们往往把接受实习和考察用人结合在一起，顶岗实习成了专业实习的特殊方式。它的优点是实习生角色意识增强，因为这种实习是把实践活动与职业生涯紧密地联系在一起，实习生的应用能力、现实表现决定了学生的去留。

组织学生"顶岗"专业实习的不足是，用人单位的不同要求与专业设计的科学标准有一定差别。因此，专业实习必须制定统一的要求与考核程序，并与实习单位交流沟通，学生在毕业前必须完成专业实习的程序并考核及格方可毕业。

3. 开展丰富的课外活动

开展丰富的课外活动，使其成为培养学生应用能力的载体。重视学生创新能力的培养，制定相关的激励、扶持政策。鼓励学生在各种刊物上发表作品，资助少数学生出版学术专著与文学作品。积极发动学生参与教师的课题研究和专业建设活动。组织学生参加各类竞赛，力争在竞赛中取得好的成绩。实践证明，将这四种途径有机结合，可以全方位地、有效地促进培养目标的实现。

（四）完善测评方案，严把质量关口

按照各门课程教学大纲的要求，建立题库，实行教考分离；在广泛征求师生意见的基础上，制定《汉语言文学专业阅读能力等级测评方案》《汉语言文学专业口语水平等级测评方案》《汉语言文学专业写作水平等级测评方案》《汉语言文学专业基本能力综合等级测评方案》，还要制定各专业方向的测评方案。完善《专业实习鉴定考核方案》和《教育实习考核细则》。分项分级测评，树立导向标杆，使学生能力的培训落到实处，见到实效。

另外，高校还要严把四个关口：一是每门课程的常规考试和考查；二是专业技能过关考核；三是专业实习鉴定考核；四是教学实习考核。考试、考查、考核是一项系统工程，要制定相应的政策，组织一批人员常抓不懈。

总而言之，汉语言文学专业应用型人才培养的重要性不容忽视。这不仅关乎该学科的存续问题，更是其发展之道。对于新兴地方性高等院校，尤其是以教学为主导的高校，若未能积极进取、勇于改革，势必难以为继。当前，我们既面临严峻挑战，又迎来宝贵机遇。

第四节　汉语言文学教学中人才培养实践探究

一、强化顶层设计，以科学合理的人才培养方案为一体

人才培养方案的制订，是人才培养质量的前提和重要保障。人才培养方案制订是否科学合理，在很大程度上决定着人才培养质量的好坏。高校人才培养方案

的制订,不仅要结合学校的教学内容与课程体系,还要综合分析人才市场的需求导向以及该专业人才在社会上的饱和度,只有这样才能制订出合理、科学而又鲜明的人才培养方案。

在制定高校人才培养方案时,应秉持开放性原则,积极开展广泛调研,充分征询并吸纳社会各用人单位的意见和建议。高校应以市场需求为导向,立足于服务地方经济社会发展的迫切需求,形成人才培养方案修订的"倒逼"机制。面临转型发展的大势,地方高校可在现有汉语言文学专业人才培养方案的基础上,邀请在汉语言文学专业领域具有显著成效和鲜明特色的省内外高校负责人,以及专业领导或专家、地方政府机关人员、新闻媒体部门领导、地方企业的人力资源管理部门负责人等,共同组建专业指导委员会。委员会每学期定期举行集中活动,广泛汇聚智慧,深入分析探讨如何进一步改革、优化和完善现有人才培养方案,为人才培养提供科学合理的指导方针和依据。

二、"双师双能型"教师队伍建设与应用实践型学生培养

(一)"双师双能型"教师队伍的建设

注重"双师双能型"教师队伍建设。在转型发展背景下,高校要为地方经济社会发展培养高素质的应用实践型人才,必须有一支懂理论、精实践的"双师双能型"师资队伍作支撑。传统汉语言文学专业的教师普遍重学历、重理论、重科研,缺乏与所授课程相应的社会实践经历和岗位实际经验。教师的这一局限将成为汉语言文学专业应用型改人才造的短板和瓶颈。因此,高校必须加强"双师双能型"教师队伍建设。在内培方面,地方高校可根据教师个人条件和专长,选派教师到党政机关、企事业单位、新闻媒体等单位进行脱岗挂职锻炼或在岗兼职锻炼,也可采用集训或轮训的方式,进行岗前和岗位培训,鼓励教师积极参与跟专业能力培养相关的各种社会活动,鼓励教师开展专业调研活动,等等。

除此之外,地方高校还要多举办与教师职业能力和应用型人才培养目标相关的一些技能竞赛活动。在外引方面,地方高校可外聘基础教育、行政文秘、新闻传播等中文相关行业人士全职或兼职,指导学生专业实习和社会实践,着力打造一支专兼职相结合的"双师双能型"师资队伍。

（二）应用实践型学生培养

在高等教育普及化的背景下，我国高校肩负着更重的使命，即为地方经济社会发展提供服务，培养具有高技能和高素质的应用型人才。长期以来，传统汉语言文学专业建立了相对成熟的人才培养模式。然而，随着社会进步和人才需求的不断调整，这一模式的局限性逐渐显现。例如，过分侧重人文学术型人才培养，导致人才培养目标过高且过于宽泛，以培养宽口径、厚功底的"通才"为导向，过分强调通才教育；对应用性课程的关注度不足，课程设置缺乏科学性和合理性；重视理论知识传授，却忽视实践环节的训练。

在高校转型发展背景下，对传统的汉语言文学专业进行改革，以适应社会经济发展已势在必行。如何改革，最重要的就是要转变观念，提高认识，立足地方院校办学实际，以服务地方经济社会为导向，以培养学生应用实践能力为重点，强化应用实践型人才培养目标。

三、积极拓宽汉语言文学专业人才培养的实践路径

（一）推动课程建设，进一步改革、优化课程设置内容体系

当前，众多高等学府的汉语言文学专业课程设置中，理论性课程占据主导，实践应用性课程则相对匮乏，呈现出课程结构比例失衡的现象。在教学过程中，教师侧重于知识点的传授，但对学生的知识运用能力和实践能力的培养却相对不足。此外，课程内容方面也存在资源冗余和特色不明显等问题。因此，高校应立足于课程建设，深入推进课程设置内容的改革与优化。在专业基础课程方面，应着力精简课程内容，优化课程体系，突出教学重点，并避免课程间的重复。

高校要强化应用性课程，可开设一些中文应用性强的科目，例如公文写作、档案管理、新闻学等方面的课程，以及计算机、演讲与口才、人际交往与沟通等技能型课程。在选修课程方面，注重选修课程的特色化。选修课程可根据学生的兴趣点和当地的文化特色开展，充分利用地域的文化资源，增强选修课程的关联性和系统性。同时，教师可以结合社会发展形势，及时调整和优化现有课程教学体系，可以采取"大平台+小模块"的理论教学模式。"大平台"包括公共课平台和专业基础课平台。"小模块"则更多的是侧重于应用能力和职业技能的培养。

在模块方向上，可细分为语文教学、办公文秘、新闻传播、影视文化产业等，供学生根据个人兴趣和职业规划方向去选择。

（二）实践教学带动，着力构建一体化的应用型实践教学体系

实践教学作为强化学生应用实践能力和奠定坚实专业基础的关键环节及有效途径，在文科人才培养过程中一直显得较为薄弱。传统汉语言文学专业在实践教学方面往往缺乏充分重视。实践教学体系由实践教学目标体系、内容体系、条件体系、管理与评价体系共同组成，各子体系之间相互关联、相互制约，形成一个有机整体。在此背景下，各教学生体系既要独立运作，又要协同配合，以产生协同效应，达成实践教学体系的整体目标。在此过程中，教师应注重实践教学环节，强化实践教学的推动作用，努力构建一体化的应用型实践教学体系。

以课程实践教学为例，教师要在讲授理论的同时，注重学生实践动手能力的培养。在教学方法上，教师应积极采用讨论式教学法、探究式教学法、启发式教学法、角色模拟教学法、案例教学法、项目驱动教学法等。以基础写作课为例，教师要积极构建理论与实践、课堂与课外、校园与社会等相结合的全方位的以提高写作实践能力为方向的教学体系。

（三）论文改革，牵动创新毕业论文的设计形式

毕业论文设计是对学生大学四年学业的综合能力和水平的一种检验。当前，高校汉语言文学专业毕业论文设计要求大多相同，就是要学生按照要求在毕业前撰写一篇高质量的学术论文。就选题情况而言，毕业论文设计往往偏重学术性、理论性，而与工作实践和社会现实联系不紧密。就能力培养而言，毕业论文设计重点培养的还是理论能力，而对创新实践能力的重视不够。这明显与转型发展背景下应用型人才培养目标不相适应。因此，高校要高度重视毕业论文设计环节，丰富毕业论文设计及内容，采取多元化、多样化的考核形式。地方高校可以创新毕业论文设计形式，由撰写单一的学术论文变为实践作品（成果）加毕业小论文形式。由大学术论文改变为小论文；把实践作品（成果）作为毕业设计的一部分内容。如实践作品（成果）可以是参加文学作品大赛、征文比赛的获奖作品，可以是在公开刊物上发表的作品，可以是在报纸、电视、网络等媒体上采写的新闻、通讯等。

(四) 素质拓展载动，积极开辟与专业贴近的第二课堂活动

素质拓展活动应承载起积极开创与专业紧密相连的第二课堂的使命。第二课堂活动作为提升大学生专业素质的关键载体，将之视为"隐性课程"，实现第一、二课堂的有机结合，取长补短，成为我国高校汉语言文学专业应用型人才培养的核心途径。

现如今，众多高校举办的第二课堂活动多以娱乐为主，专业含量较低，旨在满足学生的业余精神文化需求。然而，第二课堂活动应视为对第一课堂活动的拓展与延伸。从专业应用性人才培养的角度出发，教师需致力于开创与专业紧密相关的第二课堂活动，充分发挥校园文化活动、社团活动、社会实践等实践育人功能，同时深化学生对第一课堂知识和理论的理解、认识和掌握，不断提升学生的理论应用能力和专业实践技能。

(五) 人才评价驱动，改革人才评价考评体系

高校人才评价考评体系要围绕应用型人才培养目标而设定和实施，要建立着眼于应用型人才培养为导向的多元性评价模式。具体而言，就是改革人才评价考评体系，推动考试等人才评价环节的革新。地方高校必须推动考试等人才评价环节的革新，具体如下。

第一，在考试内容上，要改变传统的一次性、以单一的知识记忆为内容的考查方式，逐步减少考试中的单纯知识性识记，增加对学生运用和创新知识能力的综合考查。

第二，在考试方式上，要建立理论与实践相结合，知识与技能相统一的考核方式，提倡多样化，如闭卷和开卷、笔试和口试、理论阐述和实践操作、全面考查和撰写小型论文并存。如在"中国当代文学史"课程考核中，教师可让学生鉴赏一位当代作家代表性小说或散文、诗歌，这样远比传统的考试更能提高学生能力。

第三，在综合评价方面，不能把学习成绩作为唯一的标准和杠杆，要真正突出素质教育评价导向，建立促进学生全面发展的评价机制，评价不仅要关注学生的学习成绩，更要关注、发现、发展学生各方面的潜能。如教师可以建立学生"成长档案"，记录学生四年成长过程所取得的成绩、收获，建立动态评价机制。

总而言之，高校汉语言文学专业既要固守"传统"，又要与时俱进，这才是汉语言文学专业生命力的根本所在。尤其是在当今高校转型发展大趋势下，高校要通过不断对汉语言文学专业进行改造，加强应用型人才建设，使之彰显特色，从而使这一传统老牌专业在新时代焕发出勃勃生机和耀眼光芒。

思考与练习

1. 素质教育对汉语言文学专业人才培养的影响体现在哪些方面？
2. 简述汉语言文学专业人才培养的途径。
3. 汉语言文学专业应用型人才培养的策略有哪些？

第六章 汉语言文学教学的具体应用

第一节 汉语言文学教学中的信息技术应用

"信息技术的应用能够有效提高教学效率，并能够帮助学生提高学习兴趣。"[1] 因此，教师应不断加强自身能力，合理应用信息化技术，辅助性提高汉语言文学的教学质量和效率。

一、汉语言文学教学中信息技术的理论认知

信息技术是指用于管理和处理信息所采用的各种技术的总称。这些技术包括但不限于传感技术、计算机技术、通信技术、微电子技术等。随着科技的快速发展，信息技术已经深入人类社会的各个领域，成为现代社会不可或缺的重要组成部分。

（一）信息技术的分类

信息技术可以根据其应用领域和功能特点进行多种分类。以下是一些常见的分类方式。

第一，按处理信息的物理信号分类。根据处理信息的物理信号不同，信息技术可以分为模拟信息技术和数字信息技术两大类。模拟信息技术主要用于处理连续变化的物理信号，如声音、图像等；数字信息技术则主要用于处理离散的数字信号，如文本、数值等。

第二，按处理信息的方法分类。根据处理信息的方法不同，信息技术可以分为计算机处理技术和非计算机处理技术两大类。计算机处理技术是指利用计算机

---

[1] 王玥. 汉语言文学教育与教学方法的创新研究 [M]. 延吉：延边大学出版社，2020：63.

进行信息处理的技术，如数据库技术、数据挖掘技术等；非计算机处理技术则是指不依赖于计算机的其他信息处理技术，如通信技术、传感技术等。

第三，按信息处理的用途分类。根据信息处理的用途不同，信息技术可以分为办公信息技术、工业信息技术、军事信息技术等。办公信息技术主要用于日常办公和事务处理；工业信息技术主要用于工业生产控制和管理；军事信息技术主要用于军事指挥和作战。

（二）信息技术的特性

第一，技术性。信息技术首先是一种技术，它是以计算机科学和通信技术为基础，结合了软硬件工程、数据处理、系统集成等多个领域的技术成果。因此，技术性是信息技术的首要特征。

第二，时代性。信息技术是随着时代发展而不断进步的。从早期的电报、电话，到后来的广播、电视，再到现在的互联网、移动互联网、物联网等，信息技术的发展始终紧跟时代的步伐，不断地创新和变革。因此，时代性也是信息技术的显著特征。

第三，综合性。信息技术具有很强的综合性。它不仅涉及多个学科的理论知识，还融合了各种不同的技术和工具。在实际应用中，信息技术需要结合具体行业的特点和需求，综合运用多种技术和方法，以满足各种不同的信息处理需求。这种综合性使得信息技术在各个领域都能发挥重要的作用。

第四，互动性。随着互联网和移动互联网的普及，信息技术在人们日常生活中的互动性越来越强。通过网络平台，人们可以轻松地交流和分享信息，也可以通过各种社交媒体进行互动。这种互动性不仅增强了人们之间的联系，而且使得信息的传播更加迅速和广泛。

第五，渗透性。信息技术具有很强的渗透性，它已经渗透到人类社会的各个领域，如经济、政治、文化、教育等。无论是工业生产、商业贸易、政府管理，还是文化娱乐、教育科研，都离不开信息技术的支持和应用。信息技术的渗透性使得它成为现代社会不可或缺的重要基础设施。

二、汉语言文学教学中信息技术的应用意义

（一）提高学生的学习能力

汉语言文学的学习包括很多方面，如词汇、语法、修辞等。语音、文字部分包括培养学生读准字音、认清字形、掌握汉字基本意义的能力，语法和修辞等则主要是指在汉语言文学中的常用语法规则以及各类修辞的手段和方法等。传统的汉语言文学教学方法往往采用简单的板书，或者上课跟读等方式来进行。这样的方式不仅效率低，形式还过于枯燥，不利于学生的学习。而通过信息技术的应用则能够借助自身优势，通过多媒体等教学设备，对汉语言文学中的各类文字进行辨析，通过形象生动的多媒体展示，帮助学生更好地辨析不同文字和词汇间的区别，明确不同字词的读音以及含义。学生可以通过这些软件观看生字的笔画、笔顺、部首、间架结构、正确读音和汉字编码，同时跟随教学软件进行听、说、读、写等全方位的训练。信息技术的辅助可以更好地实现学生与教师之间的互动，明确汉语言文学中的各类语法修辞，并通过文章的阅读和写作实践，在课后更好地巩固汉语言文学知识。

（二）提高学生的阅读能力

当代汉语言文学教育应着重培养学生的自主学习能力，尤其是强化文学作品的阅读素养。利用信息技术，可以有效地辅助学生阅读相关汉语言文学作品，借助网络技术便捷地检索和下载作品，并在线上查找相关阅读资料，帮助学生更好地掌握文学作品背景和作者概况，以便在阅读过程中更好地理解文章要义。通过信息技术，学生可以迅速下载并阅读文学作品，同时及时与他人分享阅读感悟，实现实时交流，从而有效提升阅读文学作品的能力。

（三）提高学生的写作能力

伴随着信息技术不断深入推进，学生的文学创作方式以及相应的要求也发生了显著变化。多媒体技术、网络技术以及计算机技术的运用，使得学生的文学写

作由传统的纸质形式转向电子化书写。得益于计算机技术的支持，文学写作的效率得以大幅提升。此外，多媒体技术的发展促使写作形式不再局限于单一文字，而是向图文并茂的方向发展，甚至融入相关视频和音频元素。这种创作方式既丰富了学生的文学表达，又充分展现了他们独特的个人风格和特点，同时，也更能激发他们的写作热情。借助网络技术，学生可迅速将自己的作品分享给他人，并直接获取读者的反馈。在信息化背景下，汉语言文学写作形式日趋多样化，读者群体更加丰富，交流互动也更加频繁。信息技术的运用有助于提升学生的写作能力，促使他们不断创新写作方法，丰富写作内容，从而更好地获得读者反馈。

三、汉语言文学教学中信息技术的应用方法

信息技术的应用离不开学校的资金支持。为了加快信息技术在汉语言文学教学中的应用，学校应该在计算机、网络化以及多媒体技术方面加大投入，并定期对其进行维护。同时，还应加强对教师的培训工作，让他们更好地学习、掌握相关的信息技术，并鼓励教师将信息技术积极应用于汉语言文学的课堂教学中。在每学期的工作考核中，也应该加入对教师信息技术应用效果的考核，一方面对教师形成激励；另一方面也让教师在评价结果的基础上进行改进。为了让学生更好地应用信息技术，教师必须不断培养他们对技术应用的兴趣，将教学模式从传统的灌输式方式转为互动式、启发式的教学。在教学过程中通过多媒体技术，利用图片、文字、视频等方式不断调动学生的学习兴趣，营造轻松活跃的课堂氛围。在课堂之外教师也可以通过网络技术多与学生进行互动交流，多进行课外文学作品的阅读与交流，帮助学生更好地将所学的知识应用到文学作品的阅读以及创作中，通过教师的辅助，提高学生的学习积极性和主动性。

信息技术的应用能够有效提高汉语言文学的教学质量，且能够不断提高学生的自主学习能力。各高校应加大对信息技术方面的投入，加强对教师的培训，帮助他们更好地应用信息技术。此外，教师也应该不断提高自身素养，采用互动式的课堂教学模式，在信息技术的支持下，更好地与学生进行互动，提高学生学习的积极性和自主性。

第二节 汉语言文学教学中的微课应用探究

一、汉语言文学教学中微课的理论认知

微课是指在课堂教学的过程中，教师会把所有的注意力聚焦于其中的一个知识点（如课程的重点、疑点、难点）或技能等专一的教学任务，并对其开展教学活动时所用的一种方法，这种方法有着清晰的目标、强烈的导向性、教学时间较短等特征。

微课虽时长较短，但其构成要素相对完整，包含主要与次要两部分。课堂教学视频作为主要部分，无疑是微课的核心，其内容主要涵盖教学过程中的难点与重点等核心要素，旨在启发学生思维，使学生更好地掌握课堂所学知识。此外，教学设计、课件资料、课中测试、学生反馈及教师评价等构成微课的次要部分，这些辅助性教学资源对于提升微课质量具有重要意义，也是不可或缺的组成部分。

只有核心部分和辅助部分按照一定的组织关系，有序、和谐地相互配合，共同构建一个半结构化、主题化的资源单元应用的环境，才能使学生的课程更顺利、更有效地进行。与传统单一的教学资源相比，微课的教学资源种类更是多样，但它们既有区别又有联系。换言之，微课是以传统教学资源为模板，对其进行一些创新和开发而形成的。

（一）微课的理论依据

坚实的理论基础是设计微课的重要基石。微课设计涉及的理论主要包括建构主义学习理论、微型学习理论、认知负荷理论、情境学习理论和掌握学习理论等。

1. 建构主义理论

建构主义又称结构主义，皮亚杰和维果茨基是研究建构主义学习的代表人物。皮亚杰认为知识是主体与客体在双向交互作用的过程中构建起来的，认知结

构包含同化和顺应两个基本过程，同化是认知结构数量的扩充，而顺应则是认知结构性质的改变。维果茨基提出"文化—历史发展"理论和"最近发展区"理论。他认为，个体的学习是在一定的历史和社会文化背景下进行的，社会在支持和促进个人学习的发展方面可以发挥重要作用。个体的自我发展水平和与他人合作后潜在的发展水平间的差异称为"最近发展区"。

建构主义学习理论认为，教师不仅是知识的传授者，还是组织者、指导者和促进者；学生不再是信息的被动接收者，而是主动的意义建构者。学习不是由教师把知识简单地传递给学生，而是学生在一定情境下，借助相应的学习资料，通过与学习共同体互动、协作与会话，以自己的经验为基础，主动探究，建构对新知的理解。情境、协作、会话和意义建构是建构主义学习环境中的四大要素。

在微课设计中，首先，微课主题要鲜明，重难点要突出；其次，微课内容应当遵循学生的"最近发展区"规律，保证学生能够同化旧知和顺应新知；最后，确保微课内容的完整性和表现形式的多样化，激发学生进行知识的主动建构与积极生成。

2. 微型学习理论

微型学习理论最早由奥地利的学习专家林德纳提出。他认为微型学习是以手机、平板电脑等微型媒体应用终端为依托，以微型内容为主题来构建学习任务的学习活动。随后，其他学者也对微型学习给出相关定义，虽然说法不一，但共同之处在于时间"短"和内容"小"。

"微课设计中，需将学习内容拆分成为小的学习单元，使学习以小步子进行，这样会符合学习者持久性较差、注意力集中时间较短的认知特点，从而有利于激发学习者的学习潜力，收获更好的学习效果。"[1]

3. 认知负荷理论

认知负荷理论是由澳大利亚认知心理学家斯威勒于1988年率先提出的，以资源有限理论和图式理论为基础分析了个体对认知信息加工的过程。认知负荷理论将人类的认知记忆分为短时记忆和长时记忆，教学信息加工的过程发生在短时

---

[1] 昂娟. 微课设计制作与应用 [M]. 合肥：中国科学技术大学出版社，2021：7.

记忆中，再进入长时记忆中进行存储。

资源有限理论认为，人类的短时记忆容量是有限的，只能同时存储7个左右信息单元或加工2~3个信息单元。短时记忆对于信息的保存时间也很短，只有1~2分钟。如果同时进入短时记忆中的信息超出认知资源的容量，那么就会产生资源不足的问题，造成认知负荷超载，导致信息无法被加工，从而影响学习效率和质量。

图式理论认为，短时记忆加工后的信息会以图式的形式存储在长时记忆中。个体在学习新知时，长时记忆中的图式可根据所面临的情景快速选择、加工、整合和归类，不断增加长时记忆中图式的数量。有的图式经过反复实践后达到自动化的程度，从而可以节省认知资源，降低认知负荷。

在微课制作过程中，应尽可能降低学习者的认知负荷。学习材料的组织和呈现方式、学习材料的复杂程度和学习者的先验知识是影响认知负荷的基本因素。因此，在微课的设计中，教学内容的组织要简明、生动，避免给学习者有限的短时记忆空间带来过大压力，并利用引导性材料激活学习者长时记忆中与新学内容相关的信息，便于学习者将新学内容纳入已有图式中，以实现长时记忆的目的。

4. 情境学习理论

情境学习理论最早出现于20世纪，著名教育哲学家杜威提出"做中学"的观点，此观点从实用主义角度出发，认为知识的获得是一个实践的过程。知识与情境密不可分，情境不是学习与认知的辅助手段，而是学习整体中的一个有机组成部分，学习者在与情境的互动中获得知识，学习过程与认知过程在本质上是情境性的。

微课的情境设计须遵循教学理论和学习理论的指导，以情境为核心，注重情感体验的提升。在内容构建上，需考虑学习者需求；在形式上，需使用丰富的媒体增强画面效果、增强视频感染力；在内容上，需贴近生活情境、传递正确的价值观，层层递进，引发学生思考，提高学生的学习积极性和学习兴趣。

5. 掌握学习理论

掌握学习理论是由美国著名的教育心理学家布卢姆提出的。在"所有学生都能学好"的思想指导下，教师为学生提供个性化学习支持，并给予足够的学习时间，使大多数学生达到课程目标规定的知识水平。

教师在设计微课任务时，需以学生在学习过程中易出现的问题为切入点，应用问题引领式和任务导向式的视频案例，帮助学生理解新知重难点，使学生获得有效的学习支持，提高学生的知识掌握程度。另外，微视频可方便学生灵活地安排学习时间和学习进度，可以自设学习步调，选择重复或跳跃式地观看微课，满足学生个性化的学习需求。

（二）微课的类型划分

微课的分类可以根据教学过程中的关键环节及其功能分为：课前复习、新课导入、知识理解、巩固练习以及拓展小结。此外，还有其他与教育教学紧密相关的微课类型，如说课、活动、实践以及班会课等。从教学方法的角度来看，微课可以进一步划分为探究学习、合作学习、讲授、讨论、问答、自主学习、启发、演示、练习、实验、表演等类别。

需要强调的是，微课的分类并非唯一，它可能对应于某一特定类型的微课，也可能包含两种或多种不同类型的微课特点。微课的类型并非一成不变，而是随着现代教学理念的演进和教师教学手段的创新，不断得到完善和丰富。

（三）微课的基本原则

第一，课程开始时，教师应向学生作自我介绍，使他们对教师有一个基本的了解。

第二，切记微课用户是学生，所以在设计和制作时，教师应该考虑怎样的知识和表现方法可以让他们更容易理解。

第三，在课程开始时，教师应向学生明确介绍课程的评价方法，使学生在学习过程中有证据，并根据本节课的教学目标进行学习。

第四，微课应聚焦于一个相关知识点，时间控制在10分钟以内，以充分利用学生的注意力高峰期，确保教学效果。

第五，在教学过程中，即使内容简单，也应遵循教学步骤，避免遗漏。若课程内容较为复杂，教师可根据需要提供提示性信息，辅助学生理解。

第六，为确保学生有足够的时间和空间参与不同活动，微课过程中应适时设置暂停，或提供后续活动提示。

第七，对于一些重要的概念，教师需要让学生有一个正确的、清晰的认识，对于它的基本概念和原理都要清楚；对于一些关键技能，也要清楚地告诉学生哪些时候能用，哪些时候不能用，应该如何用等。

第八，只有教师的讲解，会使师生之间的互动减少，并且传统教学模式的缺点也会继续保留。因此，在微课程上，可以允许学生适当提问，但要对所提问题的重要性作出合理安排。这样可以增强师生之间的互动，提高学生的思维能力。

第九，教师不容易说清楚的部分可以用字幕补充，但是不要长篇大论，增加学生的阅读负担，只需列出相应的关键词即可。

第十，当一个课程结束后，教师要进行适当的总结，要达到能帮助学生梳理知识学习的思路，强调知识重难点的效果。

第十一，留心学习其他领域的设计经验，从中找到可以借鉴的创意，进而找到自己的立足点，进行创新。

第十二，细节对课程的影响很大。教师处理好细节可以使整体工作看起来更加完美；反之，会降低微课程的效率。

此外，教师在教学过程中还要充分注意微课的细节，如鼠标不应在屏幕上晃动；字体和背景的颜色要很好地匹配；录制视频要安静、无噪声，保证学生在更好的环境中学习。

（四）微课的特点分析

第一，主题突出、内容具体。各项课程的微课研究，核心议题应始终保持紧密关联教育教学实践，诸如攻克教学难题、教育理念探讨、学习方法指导、重点突出以及教学手段等方面均可作为研究主题。同时，亦可选取具体且实际的问题案例进行探讨。

第二，基层研究、趣味创作。微课的课程对课程开发人员的要求不高，基本上任何人都可以成为课程开发人员。此外，从课程研究与开发的目的来看，是帮助学生和教师紧密联系教学目标、教学内容和教学手段来完成教学。因此，创作的内容对于教师而言，必须是其熟悉的、有趣的、可解的问题。

第三，资源容量较小。微课视频的存储空间相对有限，其包含的辅助资源总和一般仅数十兆。这使得微课视频不仅支持在线播放，方便快捷，还可下载至移动设备，实现随时随地观看。因此，无论教师进行在线观摩、评课，还是课后反思、研究，微课视频都展现出极高的便利性。

第四，教学内容较少。微课教学的主线为片段视频，主要对课堂教学过程中的某一学科知识点进行重点强调，而传统的课堂教学一节课需要完成的内容有很多并且比较复杂，相对而言，微课的内容就比较简单、准确、突出主题的速度快，更与教师的需求相适应。

第五，教学时间较短。微课的教学时间是依据学生的认知特点和规律来制订的。由于学生集中注意力的时间相对较短，微课的视频内容相对精确、简单的，有着鲜明的主题。因此，其教学视频时间通常为5~8分钟。与传统教学相比，微课的教学时间确实非常短，因此也可以称之为"课例片段""微课例"。

第六，教学方式不"碎片化"。尽管微课视频时长较短，每课仅聚焦一个主题，并无繁复的课程体系、教学目标和对象，但其针对的用户群体为教师和学生，范围有限。同时，微课传递的知识具备系统性和全面性，因此，它并非"碎片化"的教学方式。

第七，反馈及时、针对性强。微课的视频剪辑时间短。在短时间内，开展"无学生班"活动。参与者可以及时听到他人对其教学行为的评价，并获得反馈信息。但与正常的信息反馈相比，这种听课、评课更为及时，即根据当前内容及时进行反馈。因为这是课前小组的"预演"，每个学生都可以参加。

当前，随着现代应用技术的发展，微课成了一种新型教育教学模式。微课是在科技时代发展潮流下应运而生的一种教学方式，它的运用效果正符合新课标及教学实践的要求，在未来的教育领域有非常广阔的运用前景。本节将从微课的概念、运用的优势以及实际运用中遇到的问题如何解决等方面展开研究。

二、汉语言文学教学中微课的应用优势

微课是一种以录制视频为载体，传授教学内容的教学模式，其核心内容是课堂教学视频，主要包括教学设计、素材整理、教师总结、学习反馈等。微课除了可以作为学生学习的资源，也可以作为教师教学训练和反思总结的资源。微课是学生自主学习的优良载体，更是传统课堂教学的一种补充和拓展。因此，在汉语

言文学教学中，微课可以让教师逐渐明确自己的教学质量定位，并进行课后反思，然后慢慢将教学方式加以改进，从而使课堂更加高效，更好地实现教学目标。

第一，迎合该阶段学生学习情况。微课的特点在大学学科的专业性教学中具有显著作用。对于初入大学的新生而言，专业性强的课程可能成为他们步入专业学习初始阶段的阻碍。然而，微课能够记录教师在课堂上需重点强调、难以理解和易产生疑问的内容，并着重反映课堂某一教学环节。学生在利用微课学习时，可自行把握这些关键点，进而更好地适应并跟进教师的教学进度。

第二，微课自身的优势。微课充分利用人在初始十分钟注意力集中的特点，将每节课核心内容的讲解限制在十分钟以内，旨在提升学习效益。通过对知识点进行精细化处理，可以采用多种形式进行讲解。以动画形式设计的微课更能激发学生的学习热情，并持续吸引他们的注意力。作为一门人文学科，汉语言文学的部分内容较为抽象，如意境描绘等方面需依赖学生的想象力去体会。要精准掌握和理解作者创作时的情感与思想，对学生而言并非易事，这要求他们具备较强的理解力和丰富的想象力。因此，如何在短时间内向学生展示汉语言文学的魅力及教师所要传达的内容，成为该专业教学的难点，也是师生需共同面对并解决的问题。微课能有效解决这一问题，将抽象问题通过视频和画面呈现，使学生更易于理解，有助于他们从感官层面去领会所学内容，从而提高学习效果。

第三，符合专业要求。汉语言文学专业在很大程度上侧重于培育专业教师。特别是在师范类汉语言文学专业中，教育机构高度重视培养语文教师。微课作为一种教学模式，若能在汉语言文学专业课堂上得到运用，无疑为学生提供了丰富的教学资源。学生不仅可以将微课中的教学内容视为学习资源，还可以借鉴微课这一教学模式进行相关教学研究。此外，在实习或参加教师资格证面试过程中，学生可以借助微课提升自我学习能力，并锻炼教师专业素养。

微课教学在汉语言文学专业中的应用应注重培养学生学习汉语言的兴趣和积极性，为学生以后的自主学习提供良好的基础。同时，教师在微课教学中要注重创新，注重培养学生的文学素养，突出学生这一主体，运用自己的丰富教学经验来引导学生对文学的感知能力，利用现有的多媒体以及发达的网络营造出轻松愉悦的教学氛围。教师做的这些都有利于学生对该专业的热爱和学习。同时，微课还可以拓展学生乃至教师专业课以外的知识内容，帮助学生拓展自己的知识面，符合现代发展要求，符合现代教学目标，符合汉语言专业教学的特征。因此，微课教学对完成汉语言文学专业教学任务有积极意义。

三、汉语言文学教学中微课的应用意义

（一）提高学生学习的主动性与自主性

教师制作微课视频的过程，也是一个自主学习的过程。首先需要有视频设计、构思等，这些能促进学生自我学习。同时，微课视频能满足学生对不同学习内容、知识点的个性化学习要求，既有共性又有个性。每个学生在学习期间可以按自己所需有选择性地学习，在学习的时候既可以查缺补漏，又能强化巩固已学知识点。其次，微课作为一种新型的教学模式，是学生课堂学习外的一种延伸，以一种全新的方式激发了学生的学习热情。微课教学打破了以往传统教师站在讲台上的授课方式，而使教师真正成为身边的导师、领路人。

（二）提高教师专业化教学水平

汉语言文学相对来说有一定的高度和深度，在实际的教学过程中，要求教师注重教学方式方法。教师在教学中可以从文学内容的选取和设计上考虑如何优化微课课程。教师可以从文学作品的写作背景、时代背景着手，再根据文学作品主题、主线、主要内容依次展开。最终，达到课件内容丰富有趣、通俗易懂，降低学生的学习难度，更大程度地激发学生的学习兴趣。

教师制作微课视频时，一般会选取设计课题、课件主题等，这就要求教师明确自己的教学目标以及教学内容，或有针对性的某个重点、难点等，使整个教学过程更加灵活有趣，这对教师也是一次学习和提高的过程，可以加深对该知识点的进一步理解。

此外，微课制作能够拓展教师视野。为制作优质视频，教师需掌握充足的知识点，并翻阅大量资料，因此，这是一个扩充教师知识领域的过程，同时也是提升教师专业化水平的过程。微课制作需掌握现代化技术，如计算机操作与应用技术，以及录制和各类软件的使用等。这要求教师紧跟时代步伐，积极学习新知

识、新技能，随着社会进步不断完善知识体系。因此，教师在拓宽知识面的同时，全面掌握应用技术，才能在教学过程中更加游刃有余地展示自身专业素养。

通过微课教学，教师在教学中丰富了自己的教学经验，提升了自己的研究能力和专业化教学水平，促进了教师的自身成长，这是一个良性循环、循序渐进的过程。

（三）方便易保存且符合时代发展要求

相对于纸质资料，微课视频资料占地小、易保存。优秀的、有保存价值的视频资料可以永久保存，随时供人们查阅和修正。学生或教师只要将微课视频资料下载到手机或电脑上，就可以随时随地进行反复学习。对缺乏名师指导或交流不便、信息落后的学生来说，微课是不仅是一个个优质的资源，更是一种好的学习方法，对开展教育教学研究大有益处。

在汉语言义学专业实施微课教学，符合当今社会时代发展潮流，这也是当今社会新型应用技术下应运而生的产物。网络的发展为微课在教学中的运用奠定了技术基础和支持，让微课的传播和使用更加方便和广泛，是对传统教学模式不足的有力增补和改革。微课为广大学生学习降低了门槛，有利于推进教育教学的发展。

微课也在不断的发展中，教师和学生都是推动它的力量，它不仅在玩转课堂，更在创新课堂，能让教学质量得到进一步的提升。教师用心制作微课，那么微课的应用价值也将在教学质量上明显体现出来。将微课应用于汉语言文学教学当中，也将是提升该专业教学质量的良好策略。

四、汉语言文学教学中微课的应用优化

微课是教与学全过程的体现，在教师制作和学生选择学习方面还需要优化以下内容。

（一）教师制作微课

教师制作微课的方式，旨在阐述如何设计高质量的微课课程。鉴于微课类型的多样性，可能涉及多个授课者。例如，以动画形式呈现的知识点微课，其设计团队便是一个教研组。尽管微课已具备时间短、吸引学生注意力等优势，但仍需

确保微课质量。目前,许多教师制作的微课质量尚待提高,原因在于他们尚未完全摆脱传统课堂的束缚。因此,教师需深入探讨研究,不仅在知识领域,还应充分了解学生学习状况。只有把握授课主体,方能真正制作出高质量的微课。同时,避免过度追求利益,强迫学生观看视频,否则可能导致学生仅以完成任务的心态进行刷课,进而丧失微课制作的初衷。

(二) 学生选择微课

微课的特性在于一定程度上需要学生进行自主选择,因此,学生不仅要挑选各类、各层次的教师,还要判断课程的优劣,以便选出优秀的教师和课程,从而充分发挥微课的价值。在学生选择微课的过程中,教师应提供正确的引导,避免学生误入歧途,错过良好的学习时机。同时,学生本身应具备一定的鉴别能力,从众多课程中挑选出优质的学习资源。学校方面则需提供一个资源共享的平台,及时更新微课教学资源,广泛吸纳多所学校、多名优秀教师的微课资源,并增设意见反馈渠道,引导学生逐步掌握选择优质微课的方法。

第三节 汉语言文学教学中的慕课模式应用

一、汉语言文学教学中慕课模式的理论认知

慕课,英文全称为"Massive Open Online Courses",简称"MOOC",是一种大规模开放式在线课程。为了方便了解学生的学习情况,教师可以将主电脑与学生电脑连接,在线获取学生的学习方式、学习效率,获得相关教学反馈。慕课是一种全新的在线教学方式,融合社交服务、在线学习、大数据分析和移动互联网等要素,用户可以免费获得大量在线教育服务和生动的学习体验。

MOOC 教学模式强调建构主义理论。建构主义认为学生应树立学习的主体地位,成为知识的主动建构者,摆脱旧有接受灌输的地位。客观世界虽然是客观存在,但是每个人的认知方式和视角不同,他们眼中的客观世界自然就不尽相同,对客观世界的理解也有很大差异。因此,学生应从自身出发,摆脱单纯的接受,

主动建构。教师也应明确自身地位，将学习的主导权还给学生，努力做好组织者和引导者，帮助学生提高自主学习能力，顺利完成学习任务。MOOC教学模式注重知识创新，倡导让每个学生都成为知识的生产者，从而培养出能够恰当处理数字信息并形成自己独有知识网络的人才。

（一）慕课模式的基本特征

随着慕课的不断成熟且对社会影响越来越深，其特征也表现得日益明显。

第一，大规模特征。"大规模"指学生的数量没有限制。学习慕课的人数可以很轻易达到几千人。随着慕课普及率的增长，参与慕课的学生数量也不断增加。可见，慕课是一种巨型课程。

第二，开放性特征。慕课的开放性体现在其参与者可能来自全球各地，且拥有开放的信息来源、评价过程以及学习环境。美国的慕课以兴趣为基础，只要对某一课程感兴趣，任何人都可以参与，只需注册一个账号，无国籍限制。因此，人们普遍认为，只有具备开放性的课程才能称之为慕课，而且这些课程规模较大，才能被视为典型的慕课。正是慕课的存在，使得世界各地的学生和授课者能够通过同一课程、同一主题建立联系，共同学习与交流。

第三，以一定的主题为基础的特征。MOOC课程模式的组织者围绕特定主题，以开放的非结构化形式为参与者提供相关资源。这些资源均以主题为核心展开，使主题成为知识连接的节点与创作的起点。参与者通过分享自身已有的知识，获取他人的相关资源，实现互相联通，旨在充实现有知识并构建新知识，进而完善个人知识体系。

第四，动态性[①]特征。MOOC课程开放、动态的特点，使得参与者能够突破时间和空间的限制而开展交流，知识的分享既可以在具体环境中实现，也可以在推特、论坛等虚拟社交媒体中实现。因此，在MOOC课程中，师生关系是平等的，组织者与学生都是课程的参与者，大家以平等的身份讨论与分享感兴趣的主题，通过碰撞形成新的知识，不断延伸自己的知识网络。在对参与者参加的测评中，组织者的做法也不同于传统意义上的考试打分，他们通过参与者参与课程讨

[①] 动态性是指系统永远处于运动和发展过程的一种特性。

论的积极性，肯定表现突出的参与者。

（二）慕课模式的教学优势

1. 慕课带来广泛的、优质的、模态化的教育资源

慕课打破了常规教育的人数、时间和地域限制，学生不必严格根据课程时间安排到特定的实地课堂中接受教师传授知识。慕课既支持学生随时随地随身学习，又支持大批量学生同时段学习，从一定程度上有效地激发了学生的学习热情和兴趣，能够更加积极主动地投入学习中。慕课课程的学习内容全凭学生爱好与需求来进行自主选择，参与者可以在特定时间段内完成学习过程、提交随堂作业、参与知识考核，而且一切的教学资源都是透明公开的，整个学习考核过程公平、公正。

慕课课程内容颠覆了传统学科界限，强调知识的综合性、实用性和广泛适用性，涵盖各领域先进理论、实用知识以及生活健康常识等各个方面。此举有力地促进了各学校间的资源互动与互补，推动优质教育资源从顶级学校向普通学校的共享流动，弥补了我国学校资源分布的不均衡问题，更有助于提升人才综合素质和推动高等教育全面发展。例如，普通学校可通过注册北大慕课平台，获取优质教学资源。慕课课程的广泛开发将显著改善现有教学观念和教学模式，极大提升应用型学校的教学水平。

慕课课程内容主要以视频形式呈现，由相关专业教师团队经过深思熟虑、精心研究而确定。视频中主讲教师多为知名学校的优秀教师，强大的师资力量确保了课程内容设置的合理性、讲解质量的高水平以及学生接受度的提升。

慕课课程设计巧妙运用模块化形式，展现各课程特色。将完整的知识体系分解为一系列相对独立的小模块，使内容条理更加清晰，重点突出，一目了然。通过 10 分钟的视频，将知识点具体呈现，有效集中学生注意力，助力学生更好地理解和记忆。

2. 慕课模式体现以学生为中心的教育理念

以学生为中心的教育理念主要体现在以下两个方面。

（1）兼顾不同学习能力。传统课堂教学着重强调教师的"教"，教师按照统

一的课程内容和进度要求一对多地进行知识的讲授和传输，这种"一刀切"的教学模式难以顾及每个学生的能力和需求。慕课则不同，学生可以自主选择与自身能力相符合的课程知识，自己安排学习计划和进程，还可以重复回放视频课程，反复学习知识难点和重点，进而提升学习效果。

（2）满足不同学习方式。慕课的学生可以利用特定的论坛、网站等平台，与教师和其他学生进行实时交流和互动，互帮互助，一起解决学习过程中遇到的困难和问题；利用课程视频中的测试题、线上测试题、线下作业等方式检测学习效果，强化知识的理解和记忆；利用教材注释、虚拟实验室等辅助工具，随堂记录课程内容和学习心得，对需要做实验的课程进行在线模拟；利用教师和其他学生对自己的评价综合考量学习结果，及时发现不足，有针对性地修改，从而不断提高学习效果。

（三）慕课模式的教学适用性

慕课的出现，有利于转变我国当下高等教育人才培养模式，所以在实践应用中要严格遵循适用性原则，充分结合不同学校的实际情况和不同学科的专业特点，有针对性地量身制定教学模式与应用方式。

1. 不同类型学校采取不同的慕课模式

普通学校主要是学习和吸收慕课平台上的优秀资源，并将这些教学资源有效应用到自身教学工作中，提升整体教学质量，继而利用应用型学校的学科优势创新和开发部分专业实用性课程参与到慕课平台中。

2. 慕课模式对不同学科课程的适用性不同

目前，慕课的某些设计还无法满足学校所有学科，部分学科要求学生具有复杂的知识结构体系和特殊的思维能力，难适用慕课模式。当前慕课对学校学科课程的适用性主要包括以下三点。

（1）理论课程。慕课网络课程在推动先进理论教学资源分享与交流方面具有积极作用，有助于发挥优势、弥补不足，从而优化课程设计并提高教学质量。然而，其在实践课程中的应用受到限制，因为实践课程对实地操作，如现场实验和调研等方面有较高要求，只有在实践中才能有效提升学生专业技能。尽管慕课提供了在线模拟实验室功能，但学生无法真实体验，教学效果因而可能受到较大影响。

（2）程式化的学科课程。慕课模式比较适合结构化知识的传授，但要实现相对高层次、高难度的数理推理和逻辑思维能力培养等课程的效果较为困难。

（3）外语类和双语教学课程。鉴于当前慕课平台主要以英语为授课语言，中文仅少量出现在课程字幕中，这在助力学生掌握专业知识的同时，亦能让他们接触到纯正英语。然而，这种语言应用模式在一定程度上制约了其他课程在我国的广泛推广与普及。

慕课优势明显，但也存在很多缺陷，需要全面、客观地认识和研究，有效借鉴和引用慕课的优势资源及课程设计等优点，尤其是正处于慕课筹建阶段的应用型学校更应如此。

从慕课在各国的实践应用结果来看，其对高等教育的教学模式和人才培养机制的改革确实有积极的促进作用，但也不可过于夸大。各个学校要以慕课为契机，着力推广"线上+线下"的混合式教学模式，促使学校和教师改变传统的教学观念，正确认识在线教育的优势和意义，从而更深刻地领会高等教育的发展方向。

应用型学校要从理论、技术、创新应用和可持续发展等方面入手，全面、系统、深入地推进混合教学改革；充分借鉴慕课经验，构建更加开放的教育体系，深刻理解和贯彻自身职能。加强国际合作与交流，实施国际化协作办学策略，在互联网生态圈内不断深化高等教育改革，培养能力更强、综合素质更高的应用型人才。

（四）慕课对教师能力的影响

1. 组织能力

教师的课堂组织能力是教师必备的教学技能。没有科学有序的课堂管理秩序，就没有良好的课堂效果，学生学习的主动性的积极性和最后的学习成绩也都无法得到保障。课堂组织能力需要充分发挥课堂优势，引导学生学会主动学习，从而达到提升课堂教学目标，完成教学任务的课堂基本形式。课堂的组织能力是体现教师综合素质的关键能力，需要教师不断学习新的教学理念，从日常教学经验中汲取能量。通常来说，教师的课堂组织能力越突出，班级管理就会越好，有利于实现班级管理目标，教学成绩的提高在此基础上就是水到渠成。课堂组织管理，需要教师在与学生的相处中发现和研究，最后和学生融为真正的集体。如果教师没有真正地深入学生内心，没有下功夫研究班级管理，没有深入了解课堂的组织方法和形式，就会影响教学成绩的提高，最终导致教学任务拖延。因此，教师的课堂组织能力是新课程实施过程中需要不断深入发掘的重要理念。

在长期的发展实践中，慕课已经远远超出了最初的学习资源共享的范围，转而向综合服务范围，包含课堂交流、课后练习、课下讨论甚至是毕业证颁发等。"开放"这一核心特质在慕课模式中体现得淋漓尽致。毫无疑问，慕课的火热证明了"开放"的价值。同时，由于这种开放，原有的相对固化的课堂模式被彻底改变，任何年龄段、教育背景的人都可以不受局限地选择自己喜欢的课程，这种模式是对现有教育模式的一种颠覆。

（1）传统教学形式的教师组织技能。

第一，课堂组织技能运用的要求。①通过教学组织技能的运用，使学生明确学习目的，热爱科学知识，形成良好的行为习惯；②要达到课堂组织的目的，教师必须了解学生、掌握学生基本情况；③重视集体风气的形成；④做到灵活多变、因势利导，综合运用多种教育形式；⑤教师要随时意识到自己对社会和学生所承担的责任。

第二，传统课堂组织技能的特点。

一是，课堂组织能力要达到的目标是管理好课堂秩序。在课堂教学中，秩序井然是有效教学的基础。要达到管理好课堂秩序的目标，应做到建立健全激励与批评机制。激励措施是尊重学生的基本要求，批评措施是对学生的负责。在日常教学中，教师应充分肯定学生的努力，做到关怀每一个学生，但是不能放任他们的错误，在他们犯错时必须坚持批评机制，如此才可增强学生心理素质，避免学生因一点小事走极端。

激励有度，批评适当。奖励方式很重要，简单来说，奖励需要有度，学生在接受奖励时会充满荣誉感；反之，学生不看重奖励，奖励也就没有任何作用。教师的课堂奖励应是独一无二的，因为每个学生都是特别的，教师要做到因人而异，如一句简单的话语可能会带来出其不意的效果。此外，批评适当，要从学生心理分析学生，做到批评适当，不能起到反作用。

　　课堂的有序组织，学生的注意力是关键。课堂中，学生的注意力是有限的，在有限的时间内教师要确保内容的新颖，保持学生的注意力，减少外部干扰，为此需要教师不断更新课堂教学方式，及时把握学生状态。有时外部干扰不可避免，需要教师能够在课堂中灵活应对。总而言之，教师的课堂组织要采用多种办法吸引学生的注意力，保持高效的课堂效率。

　　为了提高课堂效率，教师经常会采用一些手段来吸引学生注意力。有人将这些手段称为教育"机智"。不可否认，适当的机智能够激发学生的兴趣，但过于沉迷各种机智的话，也许会使教师陷入自我陶醉的陷阱，或导致教师将过多的精力放在设计各种所谓有趣环节之中，而忽略了课堂的授课本质。

　　二是，组织能力的根本衡量标准是学生的注意力的集中程度，因此，组织工作的要点就在于去除一切不利于学生注意力集中的事项。但要注意的是，切忌事无巨细、面面俱到。因为教师个人精力是有限的，且必须将主要精力放在课堂授课上，毫无重点的组织行为只会让整个课堂索然无味。平衡教学方法的使用可以灵活地控制教学节奏。有经验的教师备课必先备学生，即首先熟悉学生，根据学生的认知水平选择适当的教学方法，切忌教学方法一成不变，而是应根据学生实际设定不同的教法，把课堂变成学生思维活跃的天堂，学生的兴趣必然会提高，也会期待下一堂课。

　　每一个教师都是语言大师。语言节奏对课堂组织能力的实现很有必要，教师在课堂中需要在语言上下足功夫，一堂课，教师的语言不需要声量太大，但是必须做到起伏跌宕，学生的思维会根据教师的语言展开，使学习的积极性和课堂的有效性得以增加。

　　三是，课堂组织能力归根结底是引导学生主动进入课堂。因为学生的兴趣很容易转移，会导致实现课堂教学目标的难度增大，因此需要教师的引导，时刻保持学生的兴趣热情，及时返回课堂，把不确定性变为确定，把学生学习的兴趣和爱好作为每堂课重要的学习任务。教师在课堂中可以通过措施联系生活实际，激发学生的学习热情。

　　四是，尊重学生个性，营造有利于学生个性发挥的课堂环境，进而调动学生的学习积极性。诚然，树立教师权威是保证课堂平稳运行的重要砝码，但过于轻视学生个性只会导致学生自信心的下降，表现在学习上就是对学习内容创新能力与理解能力的降低，因为他们往往在等待教师公布"标准答案"，而不敢有一丝个人见解。

综上，要想充分调动学生的学习积极性，不但要充分发挥教师的主观能动性，还要尊重学生的个性与创造力，更要营造一个主次分明、重点突出的授课环境。最后要强调的是，教师始终是在课堂上起到重要作用的那个角色，所以教师首先要对自我有一个清晰而完整的认识，以此为基础，才可以谈论教学风格、教学内容。而一个自我认知不明的教师，很容易被"模范课堂"牵着鼻子走。此外，教师面对的群体是学生，这一群体尚处于审美、性格的成长阶段，因此教师在衣着打扮、言谈举止方面也要特别注意。

（2）慕课教学形式下教师课堂教学技能。课堂是由教师、学生、学习内容及课堂教学环境构成的一种总体关联系统。作为全新的教学形式，慕课引入课堂教学，颠覆了传统的课堂教学形式，课下预先进行的在线微课程取代原来课上的知识传授，而原来课后学生独立进行的知识理解和吸收过程，成为课堂教学的主体内容；教师利用各种方式引导和协助学生自主参与，注重培养学生的认知技能和自主学习能力，将课堂教学进行颠覆性"翻转"，对传统教学系统下各要素进行了动态组合，从而构建更为良好的课堂教学生态。

第一，重构课堂教学理念。

一是，从"以教为主"转为"以学为主"。传统教学模式的课堂活动以教师为主体，由教师决定和主宰教学内容、进度、方式等，学生被动服从和接受，课堂教学的过程其实是教师的知识传授和学生的认知过程，重点在教师的"教"。这种以知识、理论、教师为中心的传统教学理念，严重剥夺了学生的自主性，违背了教学的初衷和意义，将学习异化为他主学习。在慕课基础上创建的"翻转课堂"教学模式，将传统课堂教学内容放到课下借助慕课视频完成，而将知识的理解和内化过程作为新的课堂教学内容，以学生为中心开展自主学习，教师从旁指导和协助，重点强调学生的"学"。教师通过组织小组讨论、答疑等方式，充分调动学生自主能动性，切身参与学生学习中进行倾听、引导和协助，给予学生充分的课堂自主权，让学生在偶然性的文化启蒙和持续性的精神启蒙中切身体验和实践，以课堂活动主体的身份自主建构知识，完成特定任务和活动。教师作为课堂的客体，站在和学生完全平等的地位给予指导、咨询、协调和精神关怀，帮助学生顺利、有效地开展自主学习。教学过程更像是师生之间深入交流互动、共同发展进步的过程，课堂活动以学为主，回归教学本质和初衷，培养学生综合能力和素质。

二是，从"预设过程"转为"生成过程"。传统教学理念注重预设性和确定性，把课堂教学变成照本宣科的、可重复的线性过程，强调"填鸭式"的知识灌输。学生作为教学客体，成为静止的、机械的知识接收"容器"，整个教学活动具有强烈的计划性、预期性和规范性，彻底忽视了师生的主体性、能动性和创造性等因素，是典型的"唯理性教育"模式。与之相对的新型先进教学理念，则注重教学活动的生成性和过程性，将教学活动看作开放的、多变的、复杂的、动态的完整过程，在师生深入交流互动、学生对知识的自主架构过程充斥着各种变数和未知，会创造出很多无法预知的有价值、有意义的东西。在慕课基础上创建的"翻转课堂"教学，则是这种新型教学理念的生动实践。其在课下完成知识传授后，将课堂重心放在师生、生生之间的交流沟通和互动理解上，将理性和非理性因素有机结合，充分尊重和支持学生的自主性和创造性，使得师生在复杂、多变、创新的动态过程中有效发现、展示和发展自我，收获深层次的生命意义和价值，让学生在知识学习中获得思想、精神上的满足和成长。综上所述，课堂教学理念的深入转变和重建，使课堂活动从以教师绝对主导、学生被动接收的模式变成师生之间平等交流、协商和互动的新型模式，使教师照本宣科、机械固化的唯理性教学方式变成充分发挥师生自主能动性和创造性的动态多变的教学方式，这些都是重新构建课堂教学生态的基础保障和前提条件。

第二，重构课堂教学目标。在很长一段时间内，我国基础教育的目标是注重基础知识和基本技能的"双基"培养教学，教师利用课堂讲解知识，将技能灌输给学生，学生处于被动接收的位置，教学形式具有强烈的他主性，缺乏学生主观意识对知识的思考和加工，不利于学生逻辑思维能力、创新能力、自主学习能力的发展。新课改下的基础教育目标则是基于终身价值而提出的，注重知识和技能，过程和方法，情感、态度和价值观培养的"三维"教学目标。这一目标关注学生多方向、多层面的发展，是教育境界从低到高逐层递进的突出展现，这些综合能力的培养，可以让学生终身受益，有利于他们的发展和进步。基于慕课的

"翻转课堂"极大地促进了教学目标的实现：①"翻转课堂"将以往课堂教学的主要内容——基础知识的学习放到课下，由学生利用慕课视频自主完成，不但实现了初级认知目标，而且为后面两个目标的实现提供了前提保障；②课堂教学的内容变成师生之间共同配合研究、探讨、交流、解决真实问题，并让学生在教师引导和帮助下发现旧知识、新知识之间的内在联系，有效构建知识体系，最终实现知识的内化和吸收。

第三，重构课堂教学实施过程。慕课的应用颠覆了传统教学过程，有利于有效解决和弥补这一过程中存在的问题和缺陷。基于慕课的"翻转课堂"教学在教学组织形式、教学内容、教学重点上都进行了有效改革，开创了课下通过慕课传授知识，实现认知目标，课上师生深入交流、探索问题，实现方法掌握与情感体验目标的新型教学形式；以主体性、开放性、创造性的问题探究型教学内容和流程取代传统的封闭性、机械性、确定性的意识预设性教学内容和流程；教学重心从认知转变成自主架构。这种全新的教学过程给教师带来巨大挑战，要求教师完全打破原有的角色设定和教学模式，深入接受和熟练应用新的教学角色和模式。从原来的知识传授者、课堂主导者、教材执行者变成学生自主学习的引导者、协助者、组织者和咨询者，从灌输式的机械教学方式变成以启发、探究、创新等目的为主的新型教学方式。此外，还要不断调整和优化学习过程及方法，时刻注重对学生情感、态度和价值观等精神层面的培养和引导。

总而言之，要以"目标"为教学导向，深入培养学生各项技能和能力，引导其形成正确的思想道德和价值观念，让学生终身受益，成长为新时代发展需要的复合型综合应用人才。

2. 讲解能力

自从班级授课制提出以来，课堂教学形式便应运而生。然而，在经年累月的教学实践中，一部分教学一线的教师或教育理论家对课堂教学变革的呼声一直没有中断，他们或大胆地实践尝试，或进行建设性的理论探索。慕课改变了知识传授者与学生之间的关系，推动了学校教育、课堂教学方式的变革。直面慕课，如果学校和课堂教学方式不改革，很有可能无法在国内教育教学行业继续立足，更无法在世界教育教学改革大潮中占据优势。面对慕课提出的种种挑战，教师必须重新审视面对面教学这种课堂教学方式的处境。挑战是严峻的，同时也孕育着良好的变革机遇——慕课为课堂教学及课堂生态的重建指明了全新方向。

（1）传统教学的教师讲解技能。

第一，课堂讲解技能的主要功能。讲解指讲授法，即教师通过口头语言向学生讲授、传输知识和技能的教学行为和方法。讲解借助语言深入研究和剖析知识的组成要素、形成过程和内在联系等，帮助学生系统理解和掌握知识的内涵及规律。讲解最主要的特点是用语言传递教与学的双向信息。在课堂教学过程中，讲解常常和其他教学技能相配合，用于传授科学知识，解决学生在学习过程中遇到的疑难问题，加深师生之间深层次的情感互通和互动、培养师生感情等。教师通过讲解能够有效帮助和引导学生增加知识储备量、培养各种学习能力、树立正确的思想道德观念等，是教书育人的重要手段。大量研究和实践证明，准确、恰当的讲解既能让知识的传授过程变得得心应手、有效节约教育成本，又有助于学生高效率、高质量地认知和理解知识。课堂讲解技能具有以下六个重要功能和作用。

一是，有利于系统讲授，强化认知。教师在教授新的内容和知识时，运用讲解方法，更容易让学生对所学内容和知识建立起正确、完整的第一印象；也能使学生更清晰地明确新旧知识之间的联系与区别，从而强化对所学内容和知识认知的准确性。

二是，有利于帮助学生精准把握知识规律，形成正确的思维方式和系统的认知结构。教师通过对知识点或具体问题的详细解说和剖析，为学生提供正确推理思路和科学思维方式的具象示范，帮助学生完成从学习知识到学会学习知识的转变。

三是，有利于精准把握教学重点，攻破教学难点。教师讲解知识时，可以利用强调、刻意停顿、减缓速度等方式，引导学生深刻记忆、透彻掌握知识难点和重点。如果教师的讲解逻辑够严密、层次够清晰、推理够精准、剖析够通透，学生则能够少走弯路，高速高效地理解和掌握知识。

四是，有利于节省时间，提高效率。教师在课堂上进行精准的讲解，比学生自己学习或领悟，要节省时间。

五是，有利于培养学习兴趣，激发学习热情和积极性。教师强大的人格魅力和言行举止会于潜移默化中影响和感染学生。例如，生动有趣、深入浅出的知识讲解，会有效激发学生的学习兴趣和热情，养成爱学、好学的良好习惯，培养自主学习意识。

六是，有利于把握节奏，调控课堂。讲解的教学方式方便教师自主、合理地控制课堂教学进度。

第二，课堂讲解技能的应用原则。课堂讲解技能的应用原则包括以下三点。

一是，学科性。通俗来讲就是"说行话"，即要求每个学科的任课教师将本学科的专业术语作为核心语言，以此来解说和剖析知识内容。因为不同学科有其独特的基础概念和理论体系，它们共同组成了具有鲜明的学科特征、蕴含本学科知识内涵和规律的知识结构系统。

二是，点拨思维。教师的讲解要充分尊重和遵循学生的认知规律，严格按照从表面到内核、从已知到未知、从具体到抽象的循序渐进的认知过程。教师要在学生认知能力和情感需求基础上，巧妙提出学生关注的思考性问题，并结合相应的情境设定，有效激活学生的学习欲望和兴趣。同时，要善于在讲解过程中点出矛盾，引导学生思维方向，帮助他们充分发现问题，有效解决问题，进而树立正确的解决问题的思维方式。

三是，生动启发。教师通过口头语言传授知识，虽然有利于教师自主把控教学内容和方式，但通常情况下，学生只是被动接收，缺乏一定的自主能动性。如果不注意，学生很容易陷入松散倦怠、注意力不集中的状态，从而影响教学效果。这就对教师的讲解水平和能力提出了更高要求。所以，教师要充分发挥语言艺术，加强情感交流和互动，利用生动鲜活的案例、故事等内容调动学生积极性，启发学生思维。

第三，课堂讲解的类型。讲解教学依据具体内容的性质，可分为事实性知识讲解和抽象性知识讲解两个类型。

一是，事实性知识讲解。主要运用于文科教学活动，指教师详细地解释、说明、阐述教学内容中具象的事件（事物）及其发展过程（开始、进行、结果）等。

二是，抽象性知识讲解。主要运用于理科教学活动中，主要讲解内容包括概念、原理、方法、结构、公式、规律、问题等。依据论证的思维方式，又可将抽象性知识讲解分为两种：①归纳式讲解。带领和指导学生对某些具体物质的相关事实材料进行研究分析、对照比较和归纳总结，提炼出事物共有的本质、特征或规律等。②演绎式讲解。带领和指导学生运用特定的原理、公式等，合理推理、论证某个事物，最终得出结论，认识事物。该教学方式遵循的认知规律和归纳式讲解相反。采用演绎式讲解时要综合考量学生的实际情况，充分考虑学生的认知能力和接受程度，应谨慎选择。

三是，课堂讲解的一般程序。讲解教学是围绕课程主题开展的系统连贯、层次明晰、顺序明确的阶段性完整教学活动。

事实性知识讲解程序：①首要阶段——提出问题。主要是为了集中学生注意力，通过对知识内容简明扼要的概述，让学生对接下来的教学内容有大体了解和把握。②主体阶段——叙述事实。进一步详细描述和介绍具体事实，从而达到以事论理的目的。③关键阶段——提出要点。引导学生从事实内容中提炼出其背后蕴含的思想和道理，深刻把握内容主旨。④最后阶段——核查理解。检查和评价学生的学习成果，考查学生对具体事实和主旨思想的理解和掌握程度，并给予及时合理的反馈评价和建议。

抽象性知识讲解程序。依据抽象性知识讲解的思维方式可分为归纳式和演绎式两种，这两种讲解方式的程序正好相反。

归纳式讲解程序。它是指从具体、特殊的事物中提炼总结出抽象、一般的本质、规律等相关概念的思维过程，具体程序主要包括：①主体阶段——列举感性材料。主体阶段是整个程序的基础。罗列出来的感性材料既要与一般本质、规律等紧密相关，又要尽量保证典型、丰富，以免因为感性材料问题总结提炼出片面、错误的概念。②关键阶段——指导分析。充分调动学生思维，引导学生根据要求将所有感性材料进行形式、内容、特征、关系、成因等方面的整体性分解，为下一环节奠定基础。③核心阶段——综合概括。综合概括和分析同属智力活动，是利用思维将上一阶段分解的结果整合起来进行对照比较，筛选并找出共有属性，再总结归纳得出结论。④最后阶段——巩固深化。将新结论进行类化，帮助学生在类推中加深对知识的理解和记忆。

演绎式讲解程序是从一般、抽象的事物中推理、论证出具体、特殊结论的思维过程，具体程序包括：①起始阶段——提出概念。这是所有环节的基础，包括提出抽象概念，分析较高的原理、概念、定义、公式等。②关键阶段——阐明术语。主要是为了更加清晰明确地界定概念，准确把握其内涵和外延。③核心阶段——举出实例。是将提出的抽象概念运用到具体事物上进行推理论证，得出结论，是从一般到具体的思维过程。④最后阶段——巩固深化。经过实例论证得到概念，再经过运用和说明等操作进一步加深理解，巩固认知。

四是，讲解技能运用时应注意的问题。在讲解内容准备阶段，教师不但要清晰把握内容的知识点、重点和疑难点，让讲解过程条理清晰、层次分明，易于学生掌握，还要特别注意新旧知识之间的内在联系，遵循知识体系的规律和逻辑顺序，使新知识完全融入已有知识体系中，以形成完整的整体，否则容易形成"知识碎片"，不利于系统地掌握和应用。

在讲解过程中，应充分激活学生的认知思维，有意识地将已有知识与即将学习的新知识联系起来，引导学生利用已有知识思考和把握新知识，培养学生的认知能力和自主学习意识。然后进行针对性的细致讲解，有效吸引学生注意力，加深其对知识的理解和掌握。教师要多方探索和学习、不断积累经验，找到最适合的讲解方式，既要有效调动学生的积极性和求知欲，营造轻松愉快的学习氛围，又要保证讲解的高质量、高效率。

（2）慕课教学形式下教师的讲解技能。课堂"翻转"改变了传统课堂教学相关要素的动态组合，这种改变势必引起讲解技能的变化。慕课的教学过程可以用交流信息的方式呈现出来，教师需要运用类似于谈话方式的讲解，其音调也需要进行变化，其高低强弱因学习内容而定，通过夸张有效地突出重点，引起学生的共鸣。课程的重点要言简意赅，深入浅出。只有抓住重点，才能突出重点。对于重点问题，要讲精、讲透。精讲不等于少讲，如果讲得过于简单，学生不能掌握所学内容，更谈不上精益求精。对于能举一反三的内容，举一就是教师的事，要多讲、讲深讲透，直到学生能反三；反三则是学生的事，是学生在学习过程中利用已知探求未知的过程，这个过程中教师尽量不要讲，更不能包办代替。

教师在慕课教学讲解过程中，要注意以下三个方面的问题。

第一，联系新旧知识，形成完整体系。讲解教学的显著优点之一是能够帮助学生充分了解和把握新旧知识之间、新知识各内在要素之间的联系。教师在日常讲解教学中，既要帮助学生形成完整的本学科知识体系，又要引导学生建立起科学的认知结构。教师在讲解时要将新知识与学生已有知识结构联系起来，并进行深入浅出、准确清晰的讲解，便于学生更好地理解和吸收新知识，并在新旧知识之间建立起实质性联系，将新知识完全融入已有知识体系中，形成有机整体。让学生能够融会贯通，提高认知技能和能力。

第二，启发思维，发展认识能力。讲解的主要目的除了传授具体知识，更重要的是引导学生开动脑筋、建立正确的思维方式和认知技能。这就要求教师在讲解过程中善于引导和启发学生，充分调动学生思维，引导思维逐层深入，让学生在学习知识的同时学会如何学习知识。教师在运用各种生动形象的讲解方式时，应从具体到抽象、从感性到理性层层递进，帮助学生准确把握认知规律和方法，使学生养成独立思考和解决问题的习惯和能力。

第三，培养求知兴趣，激发学习动机。学习是不同动机共同作用的结果，深受学生情感、情绪等主观因素影响。学习兴趣是积极向上的、良好的学习心理，可以充分调动学生的学习激情和求知欲，产生无限动力。所以，教师要竭尽所能利用各种教学手段激发学生的学习兴趣和积极性，而深具趣味性、灵活性、直观性特征的生动讲解能够很好地达到这一目的。

3. 课件制作技能

传统的教学模式注重口授、板书、教材书等方面，教学理念主要是"填鸭式教学"，教师只作为传授者，而学生也只是死记硬背教师所说的知识点。然而，慕课充分利用现代的多媒体技术，使多样化的教学技术得以运用在课程中。慕课学习不再是传统教学口授、板书的课堂，它充分利用多媒体的信息技术，将影像等引入课堂中，使课堂内容变得更加丰富，更有吸引力，学生能够更加专注于课堂内容，学习效果更佳。慕课的课时短，避免了过长的课时让听课的学生注意力分散的问题，更适合于现阶段学生的时间安排，可以让学生充分利用碎片化的时间。慕课的教学模式更注重结构化教学，注重讨论和知识的延伸。相比于学生对基础知识的掌握，慕课更加注重对学生思想的培养，发现法、探究法、合作学习等方法可以帮助学生更好地开展学习。慕课除了课堂教学外，还可以实时追踪学生的课后互动，查看学生的学习状况、听课效果等。慕课可以根据学生的听课情况，开发个性平台，及时调整上课方式，构建人性化的教学。

近年来，互联网技术的成熟和发展推动了教学的发展，使得教育形式发生重大变革。慕课平台的出现，更引发了我国教育事业的变革。在现代社会中，人们的生活节奏越来越快，类似慕课短、精、快的教学模式越来越被大众所接受，被称为反复学习和终身学习的最佳方式。

慕课是一种适应现阶段的新型课程，它将更多的优秀教学资源投入网络，为没有进入知名学校的学生提供学习机会。慕课的发展适应现阶段的生活节奏，所以能够牢牢抓住消费市场。慕课视频时长通常在 1~12 分钟，以此满足学生的学习需求。慕课中微课程的"微"是短小、精练的意思，是各大优秀教师根据新课程标准和课堂时间总结出来，它以在线教学为目的，将知识框架和重要知识内容在 10 分钟内展现出来，体现了教师对整个知识的掌握程度、对知识的整合能力以及对课外知识的延展能力。

慕课的时长较短，教学目标明确，教学效果更加显著。短时间的教学可以使学生在短时间内注意力高度集中，并且在互联网模式下，使学习更加便利，摆脱时间和地点限制，随时随地学习。传统的网络课程通常是将教师讲课的视频录制下来并且放置于网络上，而此类视频缺乏针对性，缺少个性化，会影响在线学生的积极性，存在不能充分理解、不能持续性学习、导致学生学习热情下降等问题。

（1）视频要短小精悍。学生在学习过程中最常遇到的问题是对知识的接受能力较低，学生不能感受到知识的纳入，积极性会被打消。因此，在设计视频时，要重视认知超载的问题，减少视频中与课程无关的信息，将抽象内容具体化，加深学生的理解，降低学生在学习过程中出现难以理解的风险，并且可以在视频中的关键处做出标记，引起学生的关注，以此提高学生的学习效率。慕课的表现方式和学习方式，是将课程进行适当分解，将难以理解的知识进行分解，并把视频控制在 10 分钟以内。一般而言，视频越短，越可以满足学生的学习碎片化需求。在视频短小基础上，教师不应将视频中的知识内容缩减，而是要将内容细化，要让一个视频至少解决一个学习问题，对学习问题进行把握设计、理解、开发和深度讨论。在微课视频中，大多是以问题作为开头，通过讨论问题展开学习。微课视频的短小模式，在课程之初就要开门见山地提出课程主体，通过提问方式，引起线上与线下互动，引发学生的思考，提高学生的学习兴趣，这样的视频模式和内容可以保证学生集中注意力，提高学习效率。

（2）视频采用丰富的教学手段。微课程是慕课教学的一部分，是慕课学习中的重要组成部分，课程设计者在设计视频时，应适当将各种娱乐图片融入其中，在不同学习内容要求下，选择不同的教育手段。微课视频的教学要不同于传统网络教学，传统网络教学是面向大众的，而微课教学是有针对性地进行个案讲解，通过情景模式引导学生学习。

（3）视频与媒体结合的运用。现在是多媒体信息技术高度发展的时代，教学也需要与时俱进。慕课教学中的微课程视频包含很多媒体要素，如文本、图片等。课程设计者在视频设计之初，需要将这些因素考虑在内，尽量降低学生的认知难度，做到图文并茂，以利用视频等将抽象化、难理解的知识点具体化，帮助学生理解。多媒体系统给予课堂教学丰富的表达形式：鲜丽的色调、惟妙惟肖的界面、动听的乐曲，使知识内容图文并茂，生动形象，在学生认知与教学两者之间搭建起一座桥梁，帮助学生轻松地探寻知识的奥妙。视频与图片对人的吸引力远大于文字，课程设计者要充分认识到这一观点，将视频同媒体充分结合，由此设计出更加高效、更有吸引力的微课视频。

（4）视频配备简练的文字内容。确定基本的视频内容、教学策略等后，课程设计者要对视频进行简单的文字插入，其中包含微课程的标题、章节、知识点、视频时长等。人们对声音的接受需要反应时间，如果再配上文字，对信息的接受则更加快速和具体，学生学习时的效率也会更高。大脑集中时间只有10分钟，微课视频要牢牢把握这一时间段，在视频设计和制作时，要以10分钟作为标准。如若视频过程中出现真实的主讲人，则可以通过动作表达，吸引学生的关注度，帮助学生加深理解。如果只是普通的课堂教学模式，会使学生感觉与传统课堂教学并无区别，微课的本身意义便会失去，学生的学习效率也会降低。所以视频中除了课程教学之外，课程设计者还应该为学生设计提示性信息，可以引发学生的思考，跟上课程进度。例如，利用符号标注，提示学生课程中的关键信息。

由此看出，在慕课的课程设计过程中，应该充分把握学生的主体地位，在设计之初就要关注学生的学习需求，只有真正掌握学生的认知程度和学习需求，才能更好地开展课程设计，才能为学生提供更加有效的微课视频，才能形成良性循环。微课视频大多主张开门见山，课程之初便提出问题，通过问题展开对知识的讲述，同时不断抛出问题，引发学生的思考，将实际操作中可能会遇到的问题在课堂中提出，使实际操作可以更加顺利地开展。在做好本期视频内容的同时，微课视频还要在短时间内做好与上一期视频的衔接，巩固上一期视频的内容，同时做好下一期视频的过渡,为下一期的知识内容作好铺垫。

(五)慕课模式的具体构建

慕课拥有全球范围内丰富而优秀的教学资源和以学生自主学习为主的前沿教学理念,而传统课堂教学又具有慕课所不具备的有效监管、情感互动和实地操作等优势。所以要将两者有机结合,让慕课与传统课堂教育优势互补、相辅相成,以达到基于慕课推动教学改革的目的。在应用型学校中,最行之有效的结合方式是以慕课为主构建适合的"翻转课堂"教学模式或"线上慕课+线下实体课堂"的混合式教学模式。

"混合式教学"是线上教学与实地课堂教学的结合,具体包括教学理论、资源、环境、方式等内容的混合。应用型学校要有效整合和利用慕课的优质教学资源,加强师生、生生之间的互动交流,将慕课全面、科学、深入地渗透到日常教学工作中,大力开展翻转课堂和混合式教学,构建"四位一体"的新型课程教学模式。

1. 课前设计

在课前设计阶段,教师的核心职责包括:深入研究并设计课程体系结构、教学大纲以及具体的知识框架;从众多慕课资源中精挑细选,确定适宜的课程内容,独立创作教学微视频课件,并筹备其他预习资料和作业;根据教学目标要求,将所有教学资料分为必学和选学两部分,为学生布置。这些充足的准备措施为后续阶段的顺利进行提供了坚实保障,有助于学生高效且高质量地完成学习任务。

课前设计阶段是慕课教学活动中不可或缺的一部分,具体原因表现在两个方面:①慕课课程缺乏系统性的知识体系,教师需要提前设计课程体系结构和知识框架,以助于学生对即将学习的内容有系统、全面的整体了解和把握,做到心中有数,避免形成"知识碎片";②慕课课程资源丰富而冗杂,学生群体要想从庞大的信息中筛选出适合的学习内容,难度很大,而且每个学生的学习能力和需求各有不同,需要教师帮助学生提前选择合适的、优质的慕课课程,并根据学生的具体情况设计行之有效的学习策略,供学生选择使用,从而有效提升学习效率和质量。

2. 慕课学习

学生按照教师布置的课前学习任务和提供的学习资料，认真学习必学模块中的所有慕课视频课程内容，再根据自身需求和能力，选择性地学习选学模块中的资料内容，并按照要求认真完成预习作业。通过该阶段的学习，学生可以较为全面地掌握课程知识内容，标记出难点问题。

慕课学习阶段属于课外学习范畴，对学习的时间、地点和进度要求相对自由，学生可多次回播或查阅相关资料，直至彻底理解。这种自控式、深层次的学习模式，能够为学生带来前所未有的个性化体验，有效提高学生的自学能力和自控能力。

3. 课堂互动

在课堂中，教师引导学生开展作业答疑、合作探究和互动交流等学习活动，帮助学生更好地"内化吸收"知识，将慕课学习阶段掌握的知识进一步加深理解和记忆，以突破知识难点、把握知识重点，达到高质量学习的目的。在这一过程中，不同学科采用的课堂学习活动也不一样，如经管类课程偏向于问题讨论和案例分析等，外语类课程偏向于口语交流练习等，理工类课程偏向于现场实验和方案设计等。

课堂互动的核心形式包括作业解答、团队协作探究以及学业成果评估交流等。在作业解答环节，教师根据教学大纲以及学生在慕课学习阶段所遇到的问题，提炼出具有高度代表性且值得深入探讨的问题。教师随后从旁辅导，协助学生完成解答过程，实现"化零为整"，助力学生将知识融会贯通并深入理解。在团队协作探究环节，教师将学生划分为多个讨论小组，并提供相应的问题、案例和场景等话题，引导学生以小组为单位展开讨论和研究。接着，学生通过提交研究报告、开展辩论比赛等方式，展示研究成果。这种学习模式有助于提升学生的互助合作意识，增进彼此间的情感交流，增强人际沟通能力，并提高学习成效。在学习成果评估交流环节，教师通过点评、同学互评以及自我评价等方式，检验学生在慕课学习中的成果、知识掌握程度、小组讨论参与度以及团队研究成果水平等。在此过程中，学生可以全面深入地了解自己的知识掌握状况，从而有针对性地弥补不足，不断巩固和提升知识储备。

4. 实践拓展

学校将慕课与传统教学模式有机结合、开展"翻转课堂"和"混合式教学"的最终目的是帮助学生将学到的知识更好地运用到生活实践中，从而培养出对社会有用的应用型人才。实践拓展阶段是"四位一体"新型课程教学模式的重要组成部分，是课堂教学的延伸和拓展。该阶段主要采用的形式有学习/研究成果分享、知识/技能竞赛、社会实践体验等。成果分享主要是学生个人或团体将自己的学习感悟、研究成果等内容利用短视频、论文等形式上传到网络上供社会检验和学习。在这一知识创新和再创造过程中，学生能够不断加深对知识的理解，培养实践技能。

总而言之，在实体课堂教学中引入慕课具有至关重要的积极作用，可以带来丰富优质、实用性强的教学资源，极大解决我国大部分学校优质资源短缺的问题，有效帮助应用型学校更好地发挥职能，实现应用型人才的培养目标。慕课可以带来优秀的教学理念，即强调学生为本，引导学生自主学习，不断培养和提升其自学能力。

二、汉语言文学教学中慕课模式的应用启示

慕课通过对全世界教育资源进行整合，把优质的教育资源通过开放式网络学习平台免费提供给社会所有人，既推动了教育资源的优化配置，又促进了全球知识共享的发展。对我国汉语言文学教育来说，要结合我国教育资源建设的实际情况，迎合教育发展的趋势，在高等教育改革纲要的指导下，深化我国汉语言文学教学的教学模式改革，特别是网络平台开放式的汉语言文学教育资源的利用方面。具体启示主要体现在以下三方面。

第一，加强高校间汉语言文学教育等相关领域的合作。慕课的迅猛发展已成为教育进步的必然选择，同时也是知识共享型教育发展的核心主题。各高校需紧紧抓住这一现代教育发展趋势，深入合作于汉语言文学专业教育领域，通过优势互补、强强联合的方式，构建高品质的汉语言文学教育资源。此外，高校间还需加强汉语言教学经验的交流，特别是在网络在线教学方面，鼓励教师积极探讨并实践网络在线教学，全方位打造汉语言文学教育的优质资源。

第二，推进教学理念的改革。改变过去传统的以教师为中心的教学理念，尊

重学生的个性化学习选择，把以学生为主体的教学理念贯彻到课程选择、课堂教学、教学评估等各个教学环节中去。

第三，重视网络在线教育资源的利用。丰富多样的网络在线教育资源，如国家精品课程和网络公开课等，被积极开发与充分利用，旨在将其打造为学生自主学习和教学课程实施的核心基地。同时，我们正积极探索并实践我国汉语言文学专业慕课教学模式。

三、汉语言文学教学中慕课模式的应用途径

（一）重塑教学课程设计理念

慕课教学课程采用小专题作为教学模块，配合讲义及短视频授课方式。作业设计着重于关键知识点的考核与反馈，将同伴评估与自动化批改相结合，并通过论坛、学习小组开展课堂讨论。专题短小精悍的特点使学习者能迅速把握重点，通过视频讲解与测试反馈提升对知识点的理解。频繁的交流互动有助于学习者紧跟课程步伐，激发学习热情并提高自主学习能力。因此，在慕课教学过程中，教师应将知识点提炼并专题化，以小单元方式进行慕课视频讲解与作业布置，并通过网络社交软件广泛开展师生及生生互动，以确保学习质量。

（二）利用大数据进行教学分析

分析是教学活动中非常重要的组成部分，它能够在促进学生学习反馈、深化教师教学研究等方面起到极为重要的作用。教师通过对汉语言文学专业学生的数据调查分析，总结汉语言文学专业学生的兴趣点在哪里，爱好集中在什么方面等。同时，针对学生能力状况以及整体学习状况的分析总结，在国家高等教育改革纲要的指导下，教师要重新进行汉语言文学教学内容的编排，将实际生活融入汉语言文学的教学内容中去，然后通过层次性的课程设置，对汉语言文学学生进行差别化教学。在这里，教师要注意对学生的学习效果进行必要的分析，通过大数据分析的结果，及时调整课程内容，只有这样才能够保证整个慕课汉语言文学教学的有效性。

（三）运用交互式教学方式

在某种程度上，慕课模式充分展现了交互与分享的学习特质。通过师生之间及学生之间的互动交流，交互式教学模式激发学生的学习热情，并加深对知识点的理解。此外，交互式教学的本质即肯定学生的主体地位，尊重个性化的选择。在汉语言文学慕课教学过程中，教师可以整合风格迥异的优质教学资源，通过课程的优化设计，多角度引导学生自主选择学习内容。同时，通过强化师生间的互动，协助学生攻克难点与重点，既具有针对性，提高课堂效益，又可节省自身开发的时间和精力。将引导、互动、交流及共享作为汉语言文学教学慕课探索的核心，唯有如此，方能升华现代教育理念的认识，丰富现代教学经验，实现教学探索的升华。

慕课作为信息化时代的必然产物符合人们日益多样的生活需求，它的出现和快速发展必然会使传统汉语言文学专业教学模式面临挑战，而且这种挑战是具有颠覆性的。对此我们也需要换个角度来思考，慕课作为新型教育模式意味着它同样也是传统汉语言文学专业教学发展的机遇。在我国高等教育改革的大背景下，我们要保持清醒的头脑，理性分析慕课模式的优势，从长远发展角度，不断汲取慕课的先进教学成果，适时地把慕课模式引入汉语言文学专业，改变传统汉语言文学教学思路，通过优势互补，实现高校汉语言文学教学的持续发展。

第四节　汉语言文学教学中的传统文化应用

一、汉语言文学教学中传统文化的理论认知

所谓传统文化，是指在长期的历史发展过程中形成和发展起来的，保留在每一个民族中间具有稳定形态的文化，它是一个民族的历史遗产在现实生活中的展现，有着特定的内涵和占主导地位的基本精神。它负载着一个民族的价值取向，影响着一个民族的生活方式，聚拢着一个民族自我认同的凝聚力。

中国传统文化，是指在长期的历史发展过程中形成和发展起来的，保留在中

华民族中间具有稳定形态的中国文化，包括思想观念、思维方式、价值取向、道德情操、生活方式、礼仪制度、风俗习惯、文学艺术、教育科技等诸多层面的丰富内容。

中国文化、中华民族多元一体的发展格局，决定了中国传统文化具有综汇百家优长、兼集八方智慧的显著特点。这个特点，不仅体现在它的形成之际，而且保留在它的发展中。所以，无论在哪一个历史时期，中国传统文化都能够及时地汲取时代精神要义，不断地实行自我更新，自我完善，以适应社会发展的需要。数千年来，中国传统文化成功地保护和维系了中华民族的持续发展，并长期处于世界领先地位。

"中国传统文化"，是在"世界文化"涌入中国之后的社会历史背景下，获得独立的、确切的概念的。我们研究中国传统文化，为的是正确地认识世界上、历史上的中国，把握好现在的中国，让中国文化重新走向世界。

（一）传统文化的特性

中国传统文化有各种表现形态，居中心地位的是以伦理道德为核心、以儒家伦理中心主义为出发点的信念。中国传统伦理政治思想，不仅决定了中国古代人的文化人格，而且决定中国传统文化的民族特征。除了伦理政治型文化这一总的特征之外，中国传统文化还具有以下两方面的显著特点。

1. 统一性与延续性

中国文化既具有连续的统一性特点，又具有一元的连续性特点。中国文化在其历史发展的长河中，逐渐形成了一个以华夏文化为中心，同时汇聚了国内各民族文化的统一体。由于中国传统文化已形成具有自我发展规律和内在逻辑联系，有较为明确的质的规定性和自我完善机能，所以能够独立地发展，具有极大的空间延展和时间延续性能。中国文化的统一性与延续性主要有以下三方面的表现。

（1）政治的统一。从政治方面看，中国文化经历了持久的统一过程。夏朝建立以前，中国和其他国家一样，有许多各自独立的部族古国。经尧舜禹时期的复杂发展，以黄河流域为中心的中原地带已趋于统一，尽管小邦林立的局面仍然存在，但每一小邦都受宗主国的保护，它们都有共同的政治、文化中心。换言之，统一始终是主流，分裂和动荡往往是局部的、暂时的。这一趋势越是发展到后来，便越明显。特别是从元代以后数百年，中国历史上连续出现了元、明、清三个长期统一的王朝。

为了营造和维护国家的大一统局面，历代统治者都采取和施行了许多行之有效的巩固统一的政策和法令。例如，秦王朝首开君主专制、中央集权制的先河。自秦朝始，皇帝总揽全局，君临天下，权力至高无上，是国家政权的最高象征。秦代以后，历代政权为了维护和发展统一大业，又相继作出了诸多努力。无论是大运河的南北贯通，还是科举制在全国范围的长期推行，抑或是"改土归流"之类的民族政策的有效实施等，无一不是服务于统一局面的重要手段。为了营造和维护国家的大一统局面，历代人民更是前赴后继，英勇奋斗，用自己的实际行动在中华文明史上写下了永垂不朽的诗篇。当外来势力形成巨大威胁的时候，总是有大批热血儿女挺身而出，用鲜血和生命捍卫国家，并由此造就出许多民族英雄。

（2）民族融合与凝聚。中国是一个历史悠久的多民族国家。中华民族强大的凝聚力是在各民族共同创造中华文明的历史进程中，经过长期的锤炼形成的。中国文化的统一性特征，与中国各民族的融合息息相关。

中国历史上有所谓南蛮、北狄、东夷、西戎的传统说法。华夷各族经过夏、商、周的不断融合，逐渐华夏化。秦文化吸收融合了如中原文化、荆楚文化、吴越文化、巴蜀文化等多种文化因素，形成有共同语言、共同经济生活、共同心理素质的，拥有数千万人口的稳定民族共同体，到汉代，中华民族的主体建构趋于完成。十六国北朝时期，早期内迁的北方各族如匈奴、羯、氐、羌等，到北魏后期，民族特征逐渐淡化，被汉族融合。隋唐的统一，又加强了同周边各族的交往。隋唐以后，各民族间的融合一直没有停止。汉族的不断壮大，对于各民族的交往和发展，对于统一局势的形成、巩固和国内经济文化的发展逐步趋于平衡，特别对以汉族为核心的中华民族凝聚力的形成和发展有着重大作用。各民族以其聪明智慧创造了各具特色的民族文化，成为中华古代文明的重要组成部分。

（3）文化传统的承袭。中国传统文化强调前代文化遗产的价值，充分宣扬传统本身得以存在和流传的合理性。自宋以降，其质的规定性基本上已经沉积。因此，虽然它也有起伏跌宕，并多次面临挑战，但一次又一次表现出巨大的再生能力，成为世界上罕见的不曾中断过的古老文化。以文学论，各代均有斐然成就，诗经、楚辞、先秦散文、汉赋、魏晋诗文、唐诗、宋词、元曲、明清小说连绵不绝，代有高峰。学术上的先秦诸子学、西汉经学、魏晋玄学、隋唐佛学、宋明理学、清代朴学此起彼伏。这种得以延续千年的文化传统，与半封闭大陆环境提供的"隔绝机制"相关，也受惠于"农业—宗法社会"所具有的延续力。

2. 重群体、轻个体

儒家伦理强调人之个体对群体秩序承担无限的道德责任，曾为人类文明的进步作出相当大的贡献，但发展到后来，其主张日趋绝对化，个体完全丧失其独立价值的个性，变得无欲无我，融于群体之中。

（1）家族本位：由自给自足的自然经济所决定，中国的私有制是家族私有制，几代同堂的大家庭实行同居共财的制度。各个家庭成员在经济上没有独立性，个人必须仰赖家庭的共同财产生活。家庭的命运也就是个人的命运。因而传统家庭伦理在家庭与个人的关系上，把家庭视为核心，个人从属于家庭，在政治上特别强调家庭的完整，把家庭看作社会的基本构成单位和核心，认为家庭是一切人伦关系和人伦秩序设计的原点。而在父权家长制的社会里，无论哪种家庭都有一个共同特点，就是家属没有完全的行事权力和行为自由。实际上，家庭是以家长为代表的类似现代法人的组织，历代政权都利用"齐家治国平天下"的政治理论，把家庭作为组织国家生活的直接对象，而不是以每个人为统治对象。这种以家庭为统治对象的中国古代国家，基本上都是以家族主义为轴心，分别尊与卑、长与幼、夫与妻、亲与疏等不同名分规定了不同的法律责任和不同的权利义务关系，法律的全部内容都反映出政权与族权的联合统治、家法与国法融合的特点，所有立法自始至终都贯穿家庭本位的指导思想。

（2）宗法集体主义原则：所谓宗法，是指一种以血缘关系为纽带，尊崇共同祖先以维系亲情，在宗法内部区分尊卑长幼，并规定继承秩序以及宗族成员各自不同的权利和义务的法则。中国历史上，当氏族社会还没有完全解体的时候就跨入了文明的门槛，于是氏族社会的宗法制度、宗法思想就一直延续下来。宗法制度通过以血缘关系为联结纽带的社会复合体将社会成员牢固地维系在一起，借以克服单独个体所不能克服的困难，并承受单独个体所不能承受的压力。尽管社会的每个成员都是作为一个个单独的个体而产生，但他们从未能作为一个个单纯的个体而存在，集体与个人浑然一体，集体代表个人的利益。由于集体是一种抽象、一种虚幻的存在，因而最终只能寻找一个权威的"人"，如族长来代表。家族世代聚居，有族谱以明长幼嫡庶，有族规以行教化惩戒，有族长以握裁断之权，有祠堂以扬祖先之灵。每个人都落入宗法关系中，都缺乏独立性，只好依赖宗法关系整体行动。

（3）追求社会价值：中国传统文化往往是把人作为与动物相等对待的整体的"类"来理解，即认为人是社会动物，把人的个体价值归结为人的社会价值。以社会标示个人，强调人的社会义务与责任，强调人对社会的服从。个人在宗法血缘的纽带上，在家与国同构的网络中，都有一个特定的位置。这个特定位置，是个人存在的根据，个人正是凭借这个位置与他人组合成个体与社会的一体化结构。要求人们推己及人，造成社会群体的团结和谐氛围，还要求人们对社会要有牺牲奉献精神，用以维系社会群体的存在和发展。

中华民族因为群体意识的作用，有着强大的向心力和凝聚力，讲求为国为民献身，以一己之私为耻；民族传统文化因而能经受种种冲击、考验、连绵不断，长久不衰。

（二）传统文化的类型

"文化类型"这一概念是美国人类学家林顿在1936年所著《人的研究》中提出的。美国现代进化论者斯图尔德于1955年在《文化变异论》一书中对"文化类型"这一概念进行了界定与论述，即，文化类型是不同的民族文化适应环境而产生的各种文化特质相互整合的核心特征丛；它不是全部的文化特质或文化元素的总和或集合，而是指那些有代表性的、具有因果联系的特征。这些特征都是与文化结构相关的，具有功能上和生态上的联系，它代表着一个特殊的时间顺序和发展水平，表示着各民族之间的本质差别。传统文化类型要体现出该民族自古以来所具有的文化特征，而文化特征又由文化要素所构成。同一个文化系统中，那些相容且不可离的文化要素相沿已久，渐渐形成了一个民族稳定不变的内在发展机制。目前关于文化分类的讨论，主要表现出以下四方面。

第一，地理环境对于文化类型的划分具有重要作用，各个民族的文化生成、演变、丰富与发展，均在特定的地理环境中，并在独特的经济和社会土壤中得以完成。我国地域辽阔且复杂多样，自古以来便孕育了四种显著不同的文化类型，分别为河谷型、草原型、山岳型以及海洋型。河谷型文化的特点是内聚力和容纳性强，草原型的文化特点是流动性和外向性明显，山岳型文化特点是封闭性和排他性突出，海洋型文化特点是开放性和冒险性较强。"河谷型文化是一种以农业为主体的混合型文化，有较大的伸缩性和较强的适宜性，有很强的容纳、吸收和同化其他文化的潜力，所以几千年来不断融合和同化了诸多的草原、山岳和海洋文化，使它的内涵日益丰富和充实起来，始终保存着自己的发展基因。"[1] 但由于河谷型文化是一种单向的发展类型，给中国社会的发展也造成了某种不良影响，主要表现是文化结构的单一化倾向和文化心态上的自我优越感。

第二，依据观念文化与特定生产方式的内在关联，将文化划分为农业文化、工商文化和游牧文化等类别。一般认为，中国文化诞生于农业宗法社会的母体之中。在氏族社会后期，我国已步入以种植经济为基础的农业社会，农业经济自此始终占据中国古代社会经济的主导地位。检视中国农耕文化从萌芽至成熟的历程，其经济结构的诸多特点在很大程度上塑造了文化特色的形成。长期的农耕生活对中华民族的社会心理和思维方式塑造起着关键作用，民众趋于安土重迁，追求生活稳定与安宁，而缺乏冒险精神。

第三，是审视中国文化形成发展走过的路程，认为儒、道、墨、法、佛等诸家思想学说，构成了中国文化的主体内容和核心。儒家从汉代起取代了法家，备受推崇，以官方意识形态的身份起作用，处于显学地位；而法家、墨家等被统治者所抑制，如法家的"权、术、势"和墨家的"兼济天下"以各种隐蔽的方式起作用，而成为隐学。

第四，中国传统文化内部依据不同的标准可分为不同类型的文化，一种是中国传统文化的雅俗之分：雅文化亦可称为士大夫文化或精英文化，俗文化亦可称为通俗文化或大众文化，其中雅文化居主导地位。一种是中国传统文化中的山庙之分：以道家思想为核心的山林文化亦可称为隐逸文化；以儒家积极有为、自强不息的经世思想为核心，以重政务为特征的庙堂文化，是中国传统文化中的结晶与精髓。

上述分类是依据中国传统文化各种特点及这些特点的内在联系划分的。由于

---

[1] 田广林. 中国传统文化概论（第 2 版）[M]. 北京：高等教育出版社，2011：98.

这些特点相互联系、相互作用，这种划分只是相对的，但它们分别刻画了中国传统文化的不同特点，都有一定的理由。本书认为所谓中国传统文化类型，是指中华民族所创造的区别于其他民族而独具特色的文化形式，它表现为中华民族所具有的共同的价值观念、思维方式、心理状态、精神面貌等思想文化方面的特征。

（三）传统文化的载体

传统文化的主要载体是指传承和表达传统文化的媒介或形式。以下是常见的传统文化主要载体。

第一，口头传承：口头传统是一种通过口述、歌唱、故事讲述等方式传递的文化形式。口头传承在很多传统文化中扮演着重要的角色，通过代代相传的方式，将历史、价值观和智慧传递给后代。

第二，文学作品：文学作品是一种重要的传统文化载体，包括诗歌、小说、戏剧、传记等。这些作品记录了历史事件、人物传记、传统价值观念和智慧，通过文字表达和传递给后人。

第三，美术作品：美术作品是传统文化中的重要组成部分，包括绘画、雕塑、陶瓷等艺术形式。这些作品以独特的艺术风格和表现形式，展示了传统文化的审美观念、价值观和历史故事。

第四，音乐和舞蹈：音乐和舞蹈在传统文化中具有重要的地位。它们通过节奏、旋律和动作来表达文化的情感、价值观和民俗特色。不同地区和民族的音乐和舞蹈形式各具特色，反映了当地的历史、传统和生活方式。

第五，建筑和工艺品：传统建筑和工艺品是传统文化的重要体现。建筑物反映了不同时期的建筑风格和技术，展示了人们对空间和美学的理解。工艺品则以独特的手工艺技巧和材料，表达了传统文化的艺术价值和审美观念。

第六，传统节日和仪式：传统节日和仪式是人们庆祝特定时刻和场合的活动，是传统文化的重要组成部分。这些活动通过特定的礼仪、庆祝方式和活动内容，传递和弘扬传统的价值观念、信仰和历史文化。

以上这些都是传统文化的主要载体，它们通过不同的形式和媒介，承载和传递着丰富的历史、智慧、价值观和文化传统。

（四）传统文化的功能

中国文化的基本精神作为中华民族精神的集中表现，在中国古代社会的长期发展中产生了深远的影响，是中国古代社会发展的思想基础和内在动力，全面了解这些功能，有助于我们更深刻地认识中国传统文化的积极意义，促进今天的新文化建设。

1. 民族凝聚功能

中国文化精神的一个重要的功能就是民族凝聚功能。文化基本精神有着巨大的思想统摄性，它可以超越地域、阶级、种族、时代的限制，用中华民族优秀文化传统哺育每一个中华儿女，使其凝为一体，同心同德地为民族整体利益和长远利益而不懈奋斗。正因为如此，每当历史上出现外敌入侵之时，中华民族都能够万众一心地抵御外敌。这些都是与刚健自强、贵和尚中的民族文化基本精神对人们的滋养分不开的。

我们民族贵和尚中的文化基本精神，还滋养出了中华民族崇尚和谐统一的博大胸怀。坚持"和而不同"的矛盾统一观，坚持统一，反对分裂；把家庭邻里的和谐、国家的统一看作天经地义的事情。这种文化传统，对于中华一体、国家一统的民族文化心理的形成，对于我们国家、社会的长期稳定发展，曾经起了十分重要的聚合作用。

2. 价值引导功能

中华民族的孕育、形成、发展和定型是一个漫长的过程，而中国传统文化的形成和成熟与之同步，也经历了这样一个漫长的过程。在这个过程中，传统文化中的精神层面起着文化整合的作用，使多元发展的地域文化逐渐走向融合。虽然不同地域的文化被纳入中华民族文化的整体框架之后，原本存在于地域文化内部的各种要素仍然继续存在，但并不影响民族统一的文化发展。在这样一种价值取向的制约和引导之下，以人为本、刚健有为、自强不息、崇尚中和成为全社会广泛认同的文化观念，超越了地域、超越了阶层，成为一种稳定的民族心理，代代相传，并不断完善，因而也不容易被其他文化影响。

在文化生活中，指导行为活动的，首先是价值观念。这种观念一旦形成，它就会作为主导性因素渗透于人类生活的各个方面。中华民族在长期的历史发展中，形成了具有民族特色的传统文化基本精神，所形成的具有独特内涵的价值体系，在中华民族的发展史上，起着重要的价值引领作用，引领中华儿女自强不息，向上向善，引领全国人民共同努力，把我们伟大的国家建设成富强、民主、文明、和谐、美丽的社会主义强国，引领全社会人民把我们共同生活的社会建设成为自由、平等、公正、法治的和谐美好社会，引领全社会公民把自己培养成爱国、敬业、诚信、友善的社会主义公民。

3. 融合创新功能

整合不同的价值，使其在"中华一体"的文化格局中熔铸成为一个有机的统一整体，从而有所开拓创新，这是中国传统文化基本精神的又一功能。中国传统文化的基本精神，是整个中华版图意义上的民族精神。而中华民族的孕育、形成和发展，有一个漫长的过程。同样，全面意义上的中国传统义化的成熟、定型，也有一个长期发展的过程。其间，作为中国传统文化基本精神的诸多主体内容，在不同时期、不同地域起着不同的作用，对原有的诸多地域文化和不同阶层的文化，起着重要的整合创新功能。

中国古代文化是在多元一体的格局下发展起来的。齐鲁文化、燕赵文化、巴蜀文化、荆楚文化、吴越文化、秦陇文化、岭南文化等，都是古代中国人在艰苦的实践中，在特定的地域里，通过长期艰苦卓绝的努力而创造出来的反映该地域人民文明发展程度的文化。这些地域文化，各有其自然环境特色和社会人文特色，反映着不同的价值观念，彼此间不能等同、替代。但是，这些特色各异的地域文化，几乎都蕴含着自强不息的奋斗精神，都有"中华一体"的文化认同意识，正是在这种共同精神的烛照下，多元发展的地域文化逐渐走向融合，成为中华民族文化大家庭的重要组成部分。

中国传统文化的基本精神，是全民族的共同精神成果，在其演进的过程中，逐渐形成了文化的大传统。以人为本、贵和尚中、刚健有为成为全社会广泛认同的文化观念，它们超越了地域和阶层，成为牢固的民族文化心理，代代相承。在文化大传统的熏陶下，原有的地域文化所蕴含的文化小传统，既表现出中国传统文化的共性，又保留了自己的特殊性，即个性，内容更加丰富，有的还在发展中逐渐形成了新的传统。

二、汉语言文学教学中传统文化的应用作用

我国相关高校的汉语言文学专业教学应面对当前国际社会的发展形势，承担起弘扬传统文化的时代重任，授课教师应充分利用传统文化的宝贵教学资源，向学生灌输"文化自信"的学习理念，把学习传统文化与讲授汉语言文学专业知识相结合，在提升学生传统文化修养的基础上，把学生培养成自觉发扬传统文化、振奋民族精神的行动者。

（一）提供宝贵的教学资源

根据教学目标，我国汉语言文学专业就是要培养出"具备汉语言文学理论基础、有一定文学理论素养、具备对汉语言的运用能力、精通汉语言文学知识的高级应用型人才"。这种培养目标就注定了相关高校汉语言文学专业在加强汉语言专业知识讲授的基础上，还应拓宽知识讲授范围，在源头上提升在校学生的文学与文化素养。我国拥有五千年的悠久文明，传统文化为汉语言文学专业提供了宝贵的教学资源，无论是各家的重要思想，还是经典的文学作品等，都是汉语言文学专业的教学资源与素材，对提升在校学生的文学素养大有裨益。

（二）培养传播中华文化的国际型人才

随着我国综合实力的不断提升，中国与世界各地的文化交流越来越频繁，全世界对精通中华传统文化的专业人才的需求数量持续增加。在这种环境下，我国相关高校汉语言文学专业可以加强传统文化的讲授力度，让在校学生接受传统文化的熏陶，从而培养传播中华文化的国际型人才。

三、汉语言文学教学中传统文化的应用策略

（一）精选传统文化研究类的专业教材

高校教学工作的正常开展、教学效果的提升，离不开高质量的教材，教材是学习专业知识的基础。在我国高校汉语言文学专业的教学过程中，要想充分挖掘

传统文化元素，让传统文化与专业知识教学实现有益结合，授课教师必须精选出传统文化研究类的专业教材。在传统文化研究领域中，一些学者推出了大量教材，授课教师必须注意甄别，精挑细选，挑选出质量最优、适合学生实际情况的教材。当前研究传统文化的优秀教材大体可以分为两种，一种是侧重于普及传统文化基础知识类的教材，结合中华文明的发展历程，根据历史分期或不同的发展周期对一些文化、艺术、建筑、民俗习俗等相关知识进行分析；另一种类型的教材更加注重对传统文化的研究与分析，教材内容稍显深奥，侧重对不同类型的传统文化知识进行深入分析。教师可以根据学生的实际情况来选择教材，如果学生的传统文化根基比较薄弱，就可以选择第一类教材；反之，如果教师所教学生的基础普遍较好，就可以选用第二类教材。

（二）充分利用信息化教学手段

在我国高校汉语言文学专业的教学过程中，授课教师要想把传统文化知识原汁原味地讲解出来，难度较大，这对授课教师的要求也很高。同时，学生对传统文化课程的期望也很高，希望听到知名学者对传统文化的讲解。因此，教师必须实施教学改革，积极采用信息化教学手段，充分利用网络资源来提升教学效果。信息技术的发展为信息化教学提供了便利，授课教师可以利用网络资源，给学生播放相关视频，让学生聆听知名学者的讲解；教师还可以充分利用慕课、翻转课堂等信息教学方式，让学生学习知名教授推出的微视频课程、专题讲座、公开课等，从而扩大学生的知识视野，加深学生对传统文化知识的认知与理解。

（三）组织学生进行大量课外阅读

在汉语言文学教学中，受到文学典籍难度和课堂时间的限制，学生难以在课堂中充分领略传统文化的内涵与风采。因此，教师要组织学生开展课外阅读，并且提供给学生优秀的课外书籍，鼓励学生在课下自主阅读经典作品，感知传统文化的魅力，提升个人的文化修养和道德素养，明确自身的行为与思想准则，进而满足时代对人才的要求。

（四）充分利用名胜古迹进行实践教学

名胜古迹具有较强的文化元素和历史含义，是集人文景观和自然景观为一体的历史建筑，是传统文化的建筑凝聚和历史缩影，具有教育价值和精神含义。因此，教师在开展教学中，要结合当地的教育资源，组织学生参观当地的名胜古迹，进而让学生亲身体会我国传统文化的价值与内涵，受到潜移默化的文化熏陶。

（五）利用传统节日组织学习与讨论活动

中国传统节日，是中华民族悠久历史文化的重要组成部分，每一个传统节日都具有其特殊的情感寄托。因此，教师要注重利用传统节日组织教学与讨论活动，带领学生了解节日背后所蕴含的文化内涵，进而提升学生的文化自觉和民族认同感。

思考与练习

1. 阐述汉语言文学教学中信息技术的应用方法。
2. 阐述汉语言文学教学中慕课模式的应用途径。
3. 阐述汉语言文学教学中传统文化的应用策略。

参考文献

[1] 安鑫. 加强汉语言文学研究,丰富特殊教育教学内容 [J]. 考试周刊,2015 (92):22.

[2] 昂娟. 微课设计制作与应用 [M]. 合肥:中国科学技术大学出版社,2021.

[3] 陈丽玉,袁梦. 汉语言文学教育专业课程教学改革路径探析 [J]. 教育教学论坛,2023 (49):71.

[4] 迟子晗. 汉语言文学与人的修养 [J]. 神州,2018 (7):2.

[5] 段茂升. 汉语言文学应用型人才专业核心能力构成研究 [J]. 文教资料,2018 (18):24-26.

[6] 葛雪娇. 汉语言文学现状教学改革研究 [J]. 语文课内外,2018 (31):323.

[7] 柯凯. 互联网环境下高校汉语言文学教学策略探讨 [J]. 黑龙江科学,2021,12 (17):132.

[8] 李桂廷. 汉语言文学专业专业规范与核心课程课程标准 [M]. 济南:山东人民出版社,2015.

[9] 李宽松,罗香萍. 中国传统文化概论 [M]. 广州:中山大学出版社,2018.

[10] 李梅兰. 高校汉语言文学中口语教学内容的改革探析 [J]. 江西电力职业技术学院学报,2019,32 (12):68.

[11] 李盛林. 汉语言文学专业应用型人才培养的基本思路 [J]. 赤子(上中旬),2017 (4):316.

[12] 刘静. 宁夏高校汉语言文学师范专业课程设置研究 [D]. 银川:宁夏大学,2014.

[13] 刘伟伟. 汉语言文学专业人才培养的可视化分析 [J]. 黑河学刊,2019 (5):101-104.

[14] 孟鲁莎. 汉语言文学专业教学探讨 [J]. 教师:上,2014 (28):35.

［15］潘冬艳.论汉语言文学中的句法［J］.神州，2018（27）：57.

［16］潘涌.高师汉语言文学本科专业学科能力标准研究［J］.首都师范大学学报（社会科学版），2015（1）：117-125.

［17］时红霞.浅析当代汉语言文学专业人才培养及创新［J］.科技资讯，2014，12（30）：142.

［18］谭为宜.汉语言文学专业建设视阈下的文学社团建设［J］.广西社会科学，2012（8）：181-184.

［19］田广林.中国传统文化概论［M］.2版.北京：高等教育出版社，2011.

［20］汪文斌.浅谈汉语言文学教学［J］.速读（下旬），2016（9）：302.

［21］王娜.高校汉语言文学教学弘扬中华传统文化之我见［J］.福建茶叶，2020，42（3）：425.

［22］王绍芬.关于汉语言文学审美问题的研究［J］.中国民族博览，2022（24）：118-120.

［23］王西维.汉语言文学与大学生人文素质教育［M］.长春：吉林人民出版社，2019.

［24］王玥.汉语言文学教育与教学方法的创新研究［M］.延吉：延边大学出版社，2020.

［25］向忠华.浅谈汉语言文学的应用［J］.科技研究，2014（9）：467.

［26］杨蓓.探究高校汉语言文学教育中的素质教育［J］.现代职业教育，2018（30）：270.

［27］姚锦莲.面向新课改的汉语言文学教育专业课程改革之研究［D］.桂林：广西师范大学，2014.

［28］张春兰.开放教育模式下汉语言文学专业教学改革探讨［J］.产业与科技论坛，2021，20（17）：178.

［29］朱圣男.汉语言文学教学构建翻转课堂的策略分析［J］.经济师，2021，（2）：180.

［30］宗源.汉语言文学语言意境的研究［J］.速读（下旬），2018（3）：98.